Écrire un roman sentimental et se faire publier

Groupe Eyrolles
61, bd Saint-Germain
75240 Paris cedex 05

www.editions-eyrolles.com

Dans la même collection :

A. Bellet, *Écrire un roman policier*

C. Berrou, *Écrire un one man show et monter sur scène*

L. Bourgeois, *Écrire un livre et se faire publier*

J. Carpentier, *L'Écriture créative*

F. Haro, *Écrire un scénario pour le cinéma*

P. Jusseaux, *Écrire un discours*

B. Mayer, *Écrire un roman et se faire publier*

M. Mazars, *Écrire ses mémoires*

E. Plantier, *Animer un atelier d'écriture pour tous*

M. Pochard, *Écrire une nouvelle*

M. Ressi, *Écrire pour le théâtre*

H. Soula, *Écrire l'histoire de sa famille*

F. Stachak, *Écrire – Un plaisir à la portée de tous*

F. Stachak, *Écrire pour la jeunesse*

© Groupe Eyrolles, 2013
ISBN : 978-2-212-55483-0

Brigit Hache

Écrire un roman sentimental et se faire publier

EYROLLES

Sommaire

Partie II
La construction de l'histoire

Sommaire

Partie III
Après le mot « fin »

Introduction

Que vous soyez lectrice ou lecteur de romans sentimentaux désireux de vous lancer dans l'écriture ou auteur voulant s'essayer à un genre différent, ce guide propose de vous accompagner pas à pas dans l'écriture d'un roman sentimental.

Avec un lectorat essentiellement composé de lectrices, le roman sentimental séduit toutes les générations. En 2007, dix millions de livres Harlequin ont été vendus en France[1]. Mais ce qu'on appelle communément « littérature à l'eau de rose » a bien changé. À Barbara Cartland ont succédé des auteurs qui ont fait évoluer ce genre mal-aimé. Place est faite à des héroïnes plus modernes, plus libres. Ce marché porteur a vu l'apparition de nouveaux éditeurs ainsi que la naissance de collections spécifiques au sein même de grandes maisons d'édition généralistes. Même si ce marché est dominé par les traductions anglo-saxonnes, une place est faite, désormais, aux auteurs francophones. Les collections abordent donc des thèmes variés, des romans historiques, érotiques, à suspense ou des sujets fantastiques ou relevant du paranormal.

Les romans signés par Guillaume Musso, Marc Lévy et d'autres ont également leur place dans les pages qui vont suivre. En effet, leurs romans obéissent aux règles de la littérature sentimentale. Ils subissent d'ailleurs les railleries d'une certaine critique mais suscitent l'admiration sans bornes de leurs lecteurs. N'est-ce pas ce que demande en premier lieu un auteur ? Nous aborderons également la

---

1. *Source : www.harlequin.fr.*

« petite sœur » du roman sentimental, la célèbre *chick lit*, ou « littérature de poulettes », qui a envahi les étagères des librairies depuis quelques années, *Le Journal de Bridget Jones* en tête.

Le roman sentimental a évolué, intégrant parfois un peu de psychologie, voire de conseils en développement personnel, une touche de surnaturel et une autre de dérision. Je suis certaine que vous trouverez le style qui vous convient.

Ce genre littéraire, bien que souvent raillé et considéré comme mièvre, est pourtant un genre à part entière. Il s'agit de définir une intrigue, de choisir les bons personnages, de proposer un « déclencheur » qui donnera au lecteur l'envie de continuer à tourner les pages. Comme dans toute écriture, il y a des fondamentaux à connaître, des attentes à combler. Ce guide vous donnera les clés pour entrer dans ce monde merveilleux où l'amour triomphe toujours de tout. Bien choisir ses personnages, proposer des décors et des lieux d'action, choisir et développer son idée de base, les différents thèmes abordés vous donneront une idée plus précise des pistes à explorer. *Écrire un roman sentimental* pose les bases de l'écriture et offre de faire « toute la lumière » sur les attentes des lecteurs et des éditeurs, de cerner ce genre particulier, et de donner des conseils pour éditer son roman.

L'amour a de beaux jours devant lui, les lectrices et lecteurs sont en attente de nouvelles aventures, alors… laissez votre imagination galoper à la conquête de nouveaux horizons, lancez-vous dans l'écriture de votre premier roman sentimental !

Écrire

1

Envie de vous lancer ?

Choisir d'écrire un roman sentimental

En premier lieu, le genre vous séduit ; vous aimez vous plonger dans les aventures d'héroïnes courageuses et libérées ou de héros prêts à tout pour retrouver leur belle. Cette lecture vous aide à vous évader de votre quotidien, vous apporte une bouffée d'air frais pendant quelques heures. Certains aspects de la vie des héroïnes et des héros de romans sentimentaux vous semblent familiers ou vous projettent dans un monde rêvé, tout comme leur personnalité vous touche par leur proximité. Les histoires donnent un espoir, car, malgré la dureté de certaines situations de la vie, une belle rencontre, une aide inattendue, permet de croire en un monde meilleur. Et si la fin de l'histoire est connue – tout est bien qui finit bien – vous suivez, au même rythme que les personnages, les péripéties qui vont conduire à cet amour tant attendu.

Vous voulez, à votre tour, proposer de nouvelles situations, présenter des personnages dont vous avez une idée plus ou moins précise et, surtout, vous voulez inviter des lecteurs dans votre univers.

Comme vous le savez, le public est composé essentiellement de lectrices, souvent assidues, qui défendent bec et ongles ce genre populaire et parfois mal-aimé. Vous avez envie de faire partager cette passion pour la passion. Alors, lancez-vous ! Il n'y a que le premier pas qui coûte. Comme vous le verrez dans ces pages, le roman sentimental offre une grande variété de sous-genres et de possibilités dont forcément l'un d'eux vous paraîtra plus proche de vos aspirations. Vous sentez-vous plus d'affinité avec Danielle Steel, Marc Lévy, la comédie romantique moderne ou le roman sentimental tel qu'il est proposé par les livres de poche les plus vendus au monde (voir encadré) ?

> **Le saviez-vous ?**
>
> En France, en 2010, les éditions Harlequin ont vendu 9 millions de livres, soit un toutes les 3 secondes.
>
> Un livre de poche sur trois vendus en France appartient au genre sentimental et une femme sur deux déclare avoir déjà lu un roman Harlequin dans sa vie.
>
> *Source : www.harlequin.fr.*

Avant d'entrer dans le vif du sujet – l'écriture de votre premier roman –, restez concentré sur votre but et ne laissez rien ou personne vous décourager. N'écoutez pas les commentaires de ceux qui vous assurent que c'est un travail de titan et que vous n'y arriverez pas. Prouvez-leur le contraire. Outre le fait que le genre sentimental vous plaît, entamer l'écriture d'un roman, quel que soit son genre, nécessite organisation et travail. Vous allez apprendre à vous organiser, à vous donner des buts au jour le jour, à ne pas vous décourager. N'oubliez pas que la volonté et la persévérance sont nécessaires à l'accomplissement de toute entreprise et qu'écrire est une activité prenante. L'écriture de votre roman ne nécessite pas seulement de la passion et de l'envie mais aussi de la régularité et la connaissance de règles qui régissent la création romanesque. Osez prendre la plume et commencez par le début, apprivoisez votre style, analysez vos envies d'un œil neuf, donnez vie aux personnages que vous aimez. Nous allons voir en détail, au fil des pages, comment s'installe l'univers sentimental.

En attendant, ne vous laissez pas abuser par l'apparente facilité d'écriture d'auteurs connus ou par le grand nombre de livres présentés en librairie. Tout un étalage de couvertures attirantes, aux images romantiques. Il y a toujours du travail derrière les couvertures glacées. Et qu'importe si l'on raille votre désir d'écrire un livre sentimental, œuvre considérée comme « populaire », ce qui dans la bouche de certains est la pire des insultes. Je préfère rappeler la réponse de Marc Lévy :

> *« Être populaire n'est pas une insulte. Il n'y a rien de plus joyeux et de plus heureux que de se dire qu'on a passé des nuits blanches à raconter une histoire et que cette histoire va être partagée par un grand nombre de gens et que le partage va être un partage de plaisir »*

(source : *www.aufeminin.com*, Clémentine Fitaire, 11 mai 2012).

Je suis certaine que vous êtes en accord avec cette réponse…

> *« La création est un élixir magique qui vous guérit de tous vos maux, de tous vos tourments. »*
> Danielle Steel

Votre emploi du temps : où et quand écrire ?

Il n'est pas toujours évident d'avoir un coin « à soi ». Souvent l'auteur novice écrit sur la table du salon ou de la cuisine lorsqu'un moment de calme lui en donne le loisir. Tentez de vous préserver un coin-bureau dans votre chambre si vous le pouvez. Parfois, vous pouvez vous réserver des plages de travail en vous installant dans une bibliothèque municipale, endroit idéal si vous aimez les endroits calmes et si vous n'avez pas de coin personnel, vous apprécierez son silence. Vous aurez la possibilité de vous concentrer sans être dérangé par des bruits parasites et, ne pouvant être distrait, vous serez davantage attentif aux idées, à la façon de bien procéder pour écrire. Le bruit ne vous dérange pas pour créer ? Installez-vous à la terrasse d'un café accueillant et noircissez des pages jour après jour, un café-crème à portée de main.

Chacun trouve son endroit, celui où il est le plus à l'aise pour laisser aller son imagination, un lieu où le petit dernier ne réclame pas à cor et à cri les bras de sa maman. Quant aux horaires, la nuit ne fait pas peur à certains qui, une fois le calme revenu autour d'eux, trouvent l'inspiration plus facilement.

À vous de choisir le lieu et l'horaire où vous serez le plus disponible. Mais décidez d'inscrire dès maintenant sur votre agenda vos nouveaux horaires de « travail » et envisagez votre but, écrire votre roman sentimental, comme une activité régulière. Vous pouvez décider, par exemple, d'écrire le soir plutôt que de regarder une nouvelle rediffusion de votre téléfilm préféré, ou une heure avant le lever de toute la maisonnée. Planifiez votre emploi du temps, vous avancerez plus vite tout en vous décourageant moins. Il est important d'être régulier et de ne pas trouver d'excuses pour repousser au lendemain les deux pages d'écriture quotidiennes que vous aviez programmées. Si le désir d'écrire est authentique, nul doute que vous trouverez le temps et le moment pour entamer votre projet de roman.

> *« Chaque fois qu'on se retrouve devant la page blanche,*
> *on a rendez-vous avec soi-même. »*
>
> Madeleine Chapsal

C'est vrai, il y a des jours où l'on n'a pas envie de se mettre devant son bureau pour noircir des pages. Il y aura des moments plus laborieux où vous penserez que ce que vous écrivez n'a pas vraiment d'intérêt. Sachez que ces périodes plus difficiles, tous les auteurs, débutants ou pas, les vivent régulièrement. Le travail est incontournable, écrire ce n'est pas seulement attendre l'inspiration, le crayon à la main ou devant l'écran de son ordinateur. Je connais les combines pour éviter de devoir « forcer » son écriture. Dans ces cas-là, nous avons toujours quelque chose de mieux à faire, des courses, du ménage, se mettre devant la télé ou aller voir une amie. On évite de se confronter à son projet, en se disant que demain, ou le week-end prochain, on rattrapera le temps perdu. Même si l'on sait bien qu'il n'en sera rien, on tente de s'en convaincre. Écrire est une activité solitaire et personne ne nous pousse à le faire, c'est bien là le souci. C'est un travail sur le long terme, et, au contraire d'un peintre ou d'un chef cuisinier, personne ne peut voir immédiatement vos progrès, s'extasier et vous encourager ; il faudra attendre le travail fini. Vous êtes

8

maître de votre temps, à vous de l'utiliser au mieux de vos désirs, en sachant qu'il faudra vous motiver seul, ce qui est une tâche ardue...

La reconnaissance est souvent longue à venir, vous devrez trouver des subterfuges pour que votre cerveau décide de persévérer dans ce long travail et ne vous propose pas d'autres activités au plaisir immédiat. L'auteur débutant, mais parfois aussi celui qui a déjà publié, sait également qu'il aura à démarcher et à affronter, une fois son manuscrit achevé, des éditeurs, des lecteurs, et que les nombreuses prospections à faire pour contacter ceux qui l'aideront àfaire publier son roman, ne seront pas toujours concluantes. Alors, remettre au lendemain ou baisser les bras avant de débuter est bien tentant. Je ne cherche aucunement à décourager l'auteur que vous êtes, mais vous aurez peut-être à arracher quelques heures à votre vie familiale et amicale. Vous n'êtes pas rebuté par ces réflexions ? Parfait. Suivez vos désirs d'écriture, restez attentif à votre imagination et bâillonnez toutes les pensées parasites qui aimeraient que vous lâchiez votre stylo ou que vous éteigniez votre ordinateur.

Donc, c'est parti : vous avez une heure par jour, un peu plus ou un peu moins, à consacrer à l'écriture. Presque tous les auteurs ont un métier en parallèle, tous ne vivent pas de leur plume, loin s'en faut, ils écrivent donc pendant leurs rares moments de loisir et de repos. Si vous aimez ce que vous faites, vous trouverez le temps de vous y consacrer, mais vous devez décider d'être régulier. Ne vous projetez pas dans six mois, dans un an, en vous répétant les mêmes questions : est-ce assez bon pour être publié ? je ne connais personne dans l'édition, comment vais-je faire ? Cela ne sert à rien, sinon à vous miner le moral. Ne vous donnez pas non plus de délai, par exemple : « Je vais le terminer en six mois, juste avant les vacances de Noël. » Vous serez angoissé de voir arriver la date fatidique et vous presserez la cadence, ce qui ne donnera rien de bon : puis, une fois la date passée, le découragement risque de miner vos efforts des mois précédents.

Il vous faudra lutter... contre vous enfin, contre votre impatience de voir le travail fini, vos doutes, vos peurs. Vous allez passer de moments d'excitation lorsque l'écriture devient facile à des moments de doute lorsque votre inspiration vous fait défaut, et votre acharnement à écrire sera, jour après jour, mis à mal. L'écriture est un travail d'artisan, l'humilité est de mise. La sensation de ne pouvoir faire partager votre monde aux autres fait souvent reculer les vocations. Il y a tant de différence entre le texte que l'on désire écrire et celui que l'on écrit. Il arrive d'imaginer clairement les situations, les dialogues, pourtant sur le papier, sur l'écran d'ordinateur, vous lirez tout autre chose. Ne vous attachez pas à votre première version. Il vous faudra peaufiner votre texte, paragraphe après paragraphe, pour sentir la satisfaction du travail bien fait, ce qui se rapproche le plus de celui que vous désirez transmettre. Pour cela, vous n'allez pas attendre d'avoir l'inspiration pour travailler mais, au contraire, vous allez vous mettre au travail pour que les idées apparaissent. C'est dans ce sens que cela fonctionne le mieux.

Ne vous mettez pas en tête d'écrire le prochain roman sentimental le plus lu au monde ! Écrivez comme vous le sentez, comme cela vient, au fur et à mesure, même si cela ne vous paraît pas être à la hauteur de ce que vous espériez. Lorsque vous écrirez votre cinquième ou sixième roman, vous aurez la plume plus affûtée et des idées nouvelles…

Pour ce roman que vous désirez écrire, vous allez mettre en action toute votre volonté, mais cela ne doit pas vous empêcher de vivre votre vie, avec votre famille, vos amis, ni de mettre en route d'autres projets d'écriture, et pourquoi pas des concours d'écriture ? Parfois (et j'en suis un exemple), c'est une porte d'entrée pour la publication, surtout lorsqu'on ne connaît personne dans l'édition…

Il arrive que les auteurs en devenir aient peur du succès qui risque d'arriver et reculent en permanence le but fixé. Vivre dans l'espérance qu'un jour ça « marchera » est plus rassurant que de se confronter à la réalité quotidienne. Dans ce cas, visualisez-vous heureux d'être arrivé à destination, vous félicitant de votre succès. Pour cela, posez-vous dans un endroit calme, fermez les yeux, respirez tranquillement, et imaginez-vous heureux, rassuré, le travail achevé et le livre publié, réjouissez-vous de votre capacité à réussir. Bien sûr, des choses changeront dans votre vie, mais ce sera pour apporter du positif, répétez-le vous… Faire du surplace, avoir ses habitudes, même si elles ne sont pas agréables, peut être confortable : au moins, vous savez ce que vous avez. Et si cela changeait ? Ne vous stressez pas à l'avance, vous aurez de quoi vous réjouir et de nouvelles habitudes (plus agréables cette fois-ci) viendront remplacer les anciennes, alors, que demander de plus ?

> *« Écrire, c'est écouter, observer, renifler, devenir marronnier, abat-jour*
> *ou toile d'araignée. Tendre l'oreille, le regard, le pif,*
> *faire le vide en soi pour que la vie s'y engouffre et dépose ses alluvions.*
> *Quand j'écris, j'ouvre grands les bras et avale la vie…*
> *Je franchis les mers et les montagnes, je traque le détail,*
> *dévore des kilos de documentation, j'écoute… »*
>
> Katherine Pancol

Se donner « rendez-vous » à soi-même

Ménagez-vous du temps, des espaces de liberté. Des moments « à vous », où vous aurez la possibilité d'écrire. Vivez ces moments comme un temps nouveau de changement. Le début d'une aventure merveilleuse, car arriver à son but est un accomplissement et donne une bonne dose de confiance en soi.

Choisissez selon votre désir : écrivez directement sur ordinateur ou sur papier. Certains auteurs ont l'impression de perdre du temps en commençant à écrire sur un cahier ou des feuilles volantes, d'autres ne peuvent se passer du « contact » avec leur crayon et leurs idées. Sachez que de toute façon, il vous faudra, lorsque votre roman sera terminé, le dactylographier. Si vous écrivez directement sur votre ordinateur, n'oubliez pas d'enregistrer régulièrement votre travail sur une clé USB ou un disque dur externe. Si les feuilles s'envolent, les documents sur ordinateur peuvent se perdre également, l'ordinateur n'étant pas à l'abri d'une panne.

En revanche, il est important de programmer des moments d'écriture et d'être régulier dans son travail, sinon vous risquez de vous décourager rapidement devant les deux cents pages qui vous restent à écrire. Si vous décidez d'écrire une page ou deux chaque jour, vous aurez bouclé votre premier chapitre en une à deux semaines. Il s'agit d'une première version, bien entendu, car il faudra peaufiner chaque page, comme nous le verrons plus loin dans ce guide. C'est votre livre, vous avez envie d'avancer vite, les idées se mélangent, vous notez tout ce qui vous passe par la tête, mais vous avez envie de vous dépasser. Pour aller vite, prenez votre temps !

N'écrivez pas pour faire du « joli », écrivez avec vos mots, simplement, sans vous forcer à vous installer dans un costume qui n'est pas le vôtre. Écrivez les émotions qui vous sont proches, avec le ton qui vous est propre. En un mot, soyez authentique, c'est le meilleur moyen d'atteindre le cœur des lecteurs.

Au début, la plume ou le clavier est hésitant, puis l'habitude de se retrouver tous les jours à la même heure devant sa feuille permet de retrouver ses réflexes. Que voulez-vous écrire ? Quelle est cette histoire qui veut naître ?

Ne vous critiquez pas si vous « calez » devant la page blanche alors que vous aviez une multitude d'idées cinq minutes avant de vous installer devant votre ordinateur. Notez des phrases, des sensations, des idées ou inventez des titres, ce qui est une bonne idée pour patienter avant de reprendre son stylo et entamer votre roman. Écrivez, même si cela ne vous semble pas en rapport direct avec votre grand projet. Rien n'est inutile, il se peut que dans toutes ces notes, vous trouviez matière à un autre roman ou une nouvelle. Demandez-vous régulièrement le but de ce projet. Pour quoi, pour qui voulez-vous écrire ? Quel est le message ou l'histoire que vous désirez raconter ? Les réponses à ces questions sont l'essence qui alimente votre moteur ; faites ce qui est nécessaire pour ne pas tomber en panne d'essence…

Pour commencer, prenez un cahier neuf, ce sera votre « cahier d'idées ». Petit format ou grand format, choisissez celui qui vous fait envie ; craquez pour un joli cahier, faites-vous plaisir. Décorez-le, rendez-le très personnel. À chaque fois que vous ne parviendrez pas à vous atteler à votre roman, ou qu'une idée surgira, quelle qu'elle soit, même un mot, un décor, une atmosphère qui vous plaît, une citation d'un auteur apprécié ou une anecdote entendue, notez-le sur ce cahier. Datez chacune de vos « interventions » dans ce cahier. Dans quelques semaines, quelques mois, vous ne pourrez plus vous en passer. Relisez vos notes régulièrement, de nouvelles idées apparaîtront. Et vous vous apercevrez du chemin parcouru depuis la première page. Ce cahier est là pour vous aider à avancer dans votre parcours d'auteur.

2

Lire, s'imprégner

Où chercher l'inspiration ?

L'inspiration se trouve partout. Il suffit d'être attentif à ce qui vous entoure, à ce que vous lisez, entendez, voyez. Nous oublions facilement les détails, nous ne retenons pas certaines scènes touchantes ou drôles. Nous vivons sans admirer la richesse de ce qui nous est offert. Avoir de l'inspiration, c'est prendre soin de ses émotions, c'est avancer dans la vie les yeux ouverts. Notez des situations, qu'elles soient comiques ou bouleversantes, détaillez physiquement des personnages hauts en couleur, inscrivez leurs traits de caractère. Il se peut également que des lieux vous inspirent : le vieil hôtel d'une station balnéaire, un musée à l'ambiance surannée, un pays lointain aux paysages sauvages, une ville de province où vous avez passé votre enfance. Ne faites pas l'impasse sur les odeurs, les couleurs, usez de tous vos sens. Vous allez créer un univers, il ne doit être ni fade ni en noir et blanc.

Votre imagination va, peu à peu, mêler les différents éléments pour former une histoire, des personnages vont apparaître, tout va se mettre en place… Pour ne pas oublier des sensations, des portraits, des indications diverses, prenez l'habitude d'avoir sur vous un petit carnet de notes. Il peut être utile au moment où vous vous y attendez le moins.

Vous êtes passionné par l'histoire ? Quelle période historique a votre préférence ? Que trouvez-vous d'inspirant dans cette période ? Certaines d'entre elles vous passionnent-elles au point d'en connaître parfaitement les mœurs ? Des situations romantiques, des grandes histoires d'amour peuvent y prendre vie. Lisez les ouvrages qui s'y rapportent, vous devez connaître la façon de vivre à cette époque. Prenez des notes.

Le surnaturel, le fantastique, vous tente ? Vous aimez les histoires de fantômes, de vampires ? Pour l'inspiration, la lecture est votre meilleure amie ! L'imagination doit être au rendez-vous. Cependant, rien de plus palpitant qu'une histoire surnaturelle se passant dans des endroits qui ne le sont pas. Votre imagination fera le reste.

Peut-être inventez-vous des histoires qui pour le moment sommeillent dans un coin de votre tête. Notez vos idées. Que vous inspirent-elles ? Ont-elles des points communs entre elles ?

Pour pouvoir se concentrer et trouver l'inspiration, certains auteurs aiment les rituels. Ils ne peuvent commencer à écrire avant d'avoir bu un thé, marché deux kilomètres ou allumé une bougie parfumée. Mettez-vous en situation afin de créer l'atmosphère propice à l'inspiration et à la création. Trouvez votre rituel.

Pour chercher l'inspiration, vous pouvez lire les auteurs à succès, ceux dont vous vous sentez proches, c'est même indispensable. On apprend beaucoup de ceux qui ont trouvé le chemin vers les lecteurs, mais ne perdez pas votre temps à percer le secret de leur succès. Comment ont-ils eu un tel succès avec ce roman ? Quel est le secret caché entre ces pages ? Je vous donne la réponse : le travail.

L'inspiration

Danielle Steel, l'auteur aux 590 millions d'exemplaires vendus dans le monde, répond à cette question cruciale qu'est l'inspiration, sur son site *www.danielle-steel.fr* : « Un livre se base toujours sur une image, un personnage ou une situation qui me tiennent particulièrement à cœur. Après des semaines, voire des mois (c'est un long processus !), de prise de notes et d'écriture de scènes, je suis totalement immergée dans cet univers. À ce moment-là, les idées commencent à bouillonner presque toutes seules. L'environnement prend forme, les personnages prennent vie, et brusquement je ne suis plus qu'une spectatrice dans le déroulement de l'histoire !

[...] Mes livres ne sont jamais inspirés par des personnages réels et pratiquement jamais par ma propre vie. Je préfère créer des fictions et ne pas être limitée par la réalité dans mon travail. [...] Du début à la fin du processus de création, de l'idée au livre, il se sera écoulé deux ans et demi. »

L'inspiration, c'est ce moment délicieux où vous vous sentez « habité », des personnages s'invitent, des décors apparaissent, des situations se dessinent. Dès que vous avez une idée, souvent au saut du lit ou à des moments inattendus, notez-la immédiatement. Comme vous l'avez peut-être déjà constaté, les idées s'évanouissent très vite, même si, sur le moment, on mettrait sa main à couper qu'une idée pareille, on n'est pas prêt de l'oublier !

Pour vous donner des pistes de création et d'inspiration, notez sur un petit carnet que vous aurez toujours sur vous (ce n'est pas le même que votre « cahier d'idées » que vous pouvez laisser sur votre bureau) les événements inattendus dont vous êtes témoin, une scène cocasse, une bribe de phrase entendue à la terrasse d'un café, un joli mot d'enfant. Ce carnet de notes sera toujours dans votre sac, avec vous, prêt à recevoir les mots que vous ne voulez pas oublier. Notez aussi les lieux que vous aimez et les sensations qu'ils vous inspirent. Si vous aimez dessiner, faites des croquis de lieu, de personnes croisées ici ou là. Tout est inspiration.

Petits exercices pour trouver l'inspiration

Suivez le titre d'un roman

Inventez une histoire à partir du titre d'un roman, que vous l'ayez lu ou pas. Quels mots, quelles sensations vous inspire le titre ? Suivez une association d'idées, d'impressions...

Regardez des photos !

Comme vous l'avez fait à partir d'un titre de roman, regardez une photo, la couverture d'un roman ou même un tableau et inventez une romance en partant de cette image, ou inventez une identité et un destin aux personnages. Écrivez des bribes de texte, nul besoin de rédiger parfaitement votre texte, laissez-vous aller à cet exercice tout simple.

Déménagez !

En pensée, uniquement, rassurez-vous. Fermez les yeux et transportez-vous dans un lieu que vous aimez, qu'il vous soit familier ou pas, cela peut être une maison d'enfance, un musée, dans une ville lointaine ou le lieu de votre vie rêvée. Que se passe-t-il dans ce lieu ? Inventez-lui une histoire romanesque, lieu de rendez-vous, hasard de l'existence... Quelles sont les odeurs, les couleurs qui s'y rapportent. Toujours sur le même principe, notez ce que ces lieux vous inspirent.

Parce que c'était lui, parce que c'était elle

Inventez une identité à un passant croisé dans la rue. Faites-lui rencontrer en pensée une inconnue ou votre voisine, imaginez leur rencontre. Vous entendez une conversation à la terrasse d'un café entre deux amoureux ? Imaginez leur vie, leurs projets.

Ces exercices ont pour but de vous familiariser avec la visualisation et de développer votre pouvoir d'imagination, en fonctionnant sur des thèmes précis et faciles à renouveler.

Apprendre à « étudier » un livre que vous aimez

Lorsque vous avez particulièrement aimé un roman sentimental, n'hésitez pas à « l'étudier » plus précisément. Comment faire ? En le « décortiquant » chapitre après chapitre. L'histoire vous accroche-t-elle dès les premières lignes ? Comment les protagonistes se rencontrent-ils ? Il vous faut comprendre le mécanisme mis en place par l'auteur. Comment décrit-il ses personnages ? Quel lieu a-t-il choisi pour installer son histoire ? Notez l'évolution de l'histoire. Quels obstacles l'auteur met-il sur la route des amoureux ?

Il ne s'agit pas de copier, mais de comprendre comment un romancier a décrit ses personnages, fait partager leurs sensations et leurs émotions, et bâti ses descriptions. Lire, lire, lire doit devenir votre meilleure habitude. Un bon auteur est un grand lecteur. En lisant les œuvres d'autres auteurs, vous aurez davantage de facilité pour écrire votre roman. Après « l'étude » de plusieurs romans sentimentaux, vous comprendrez les différentes étapes à suivre pour « monter » votre histoire. Quels sont les rebondissements les plus réussis ? Avez-vous été surpris ? Un bon auteur doit vous surprendre, vous donner envie de terminer – le plus rapidement possible – son roman. Il existe des intrigues haletantes ; à vous d'imaginer celle que vous mettrez en place dans votre histoire.

Vous avez un sujet, un thème que vous voulez aborder dans votre roman ? Existe-t-il un roman qui vous ait touché car il proposait ce thème qui vous est cher ? Relisez le roman et étudiez comment l'auteur a fait pour faire ressentir toutes les émotions qui bouleversent le lecteur.

Notez les différentes intrigues mises en place, le déroulement de l'histoire, les points forts, les différents personnages. Entrez dans l'univers des auteurs que vous avez choisis, vous serez plus à l'aise pour entrer dans le vôtre. Vous partirez sur de meilleures bases pour commencer votre roman. À vous maintenant de trouver votre façon d'écrire, car si vous vous inspirez de la trame d'un roman que vous aimez, vous pouvez suivre pas à pas son modèle. À votre manière bien entendu, il ne s'agit pas de plagier un auteur publié (sur le plagiat, voir p. 127), mais de s'aider de la mise en place de son intrigue pour bâtir votre propre histoire. Tout est dans l'interprétation de votre propre partition. Helen Fielding, s'est inspirée de l'œuvre de Jane Austen, *Orgueil et Préjugés*, parue en 1813, pour écrire son roman *Le Journal de Bridget Jones* !

Mo-ti-va-tion !

Pourquoi parler de motivation dans ce guide, alors que vous vous apprêtez à vous lancer dans le grand bain ? que vous êtes impatient de commencer votre roman ? Les premiers moments sont souvent exaltants puis, après quelques mètres, vient l'essoufflement. Se motiver, c'est se donner le temps d'arriver au but. Chaque jour, au moment que vous avez choisi, commencez par petites foulées, le temps d'apprendre à trouver sa respiration. Jour après jour, vous serez plus fort, plus sûr de vous. Vous acquerrez l'endurance et vous pourrez finir votre marathon.

Trouvez-vous un mantra, cette phrase que l'on peut répéter à l'infini pour se donner du cœur à l'ouvrage. Des citations peuvent vous donner la motivation d'agir pour arriver à votre but. Cherchez-en, dans les livres, sur Internet, recopiez-les dans votre cahier d'idées. Relisez-les régulièrement. En voici quelques-unes que j'apprécie particulièrement :

> *« Ne jamais renoncer à ses rêves et se dire que rien n'est impossible. »*
>
> Marc Lévy

> *« Si vous ne courez pas après ce que vous voulez, vous ne l'aurez jamais.*
> *Si vous ne demandez pas, la réponse sera toujours non.*
> *Si vous ne faites pas un pas en avant, vous restez toujours au même endroit. »*
>
> Nora Roberts

> *« Si vous pouvez le rêver, vous pouvez le faire. »*
>
> Walt Disney

> *« Ce n'est pas parce que les choses sont difficiles que nous n'osons pas,*
> *c'est parce que nous n'osons pas qu'elles sont difficiles. »*
>
> Sénèque

> *« Fais de ta vie un rêve, et d'un rêve, ta réalité. »*
>
> Antoine de Saint-Exupéry

Halte à la procrastination !

La procrastination est la mauvaise habitude de remettre toujours à demain ce que vous pouvez faire le jour même. C'est sûr, la motivation n'est pas toujours au rendez-vous. Parfois, il y a des baisses de moral et c'est difficile de se mettre au travail. Voici quelques petits conseils pour dire adieu à la procrastination.

Faites autre chose

Lâchez votre roman et écrivez de courtes histoires ou rédigez les portraits des gens que vous aimez, décrivez en quelques lignes un souvenir joyeux, votre madeleine de Proust.

Listez les raisons qui vous ont donné envie d'écrire ce roman

Pour vous faire plaisir ? un challenge, un défi ? pour vos parents, vos enfants ? Visualisez (puis retranscrivez) le bonheur du travail achevé, lorsque vous tiendrez votre livre entre vos mains. Rien de tel pour s'encourager durant les moments de doute. Vous êtes votre meilleur supporter. C'est encore mieux lorsqu'on peut partager ses efforts : cherchez un « coéquipier » avec qui parler de vos avancées, de vos idées : un mari, un frère, votre mère ou votre meilleure amie...

Commencez par la fin

Si vous connaissez (même approximativement) la fin de votre roman, écrivez-la ou, tout au moins, posez-en les grandes lignes. Qui a dit qu'il fallait commencer par le début ? Commencer par la fin donne également des idées pour enrichir vos précédents chapitres.

Soyez régulier

Et tenez-vous à votre planning. Même si l'envie est grande d'aller allumer la télévision. Récompensez-vous, promettez-vous de vous offrir un cadeau à la fin de la première version du roman ou après chaque fin de chapitre. Donnez-vous un objectif, par exemple deux pages chaque matin. Jour après jour, vous serez davantage motivé pour continuer. À raison de deux pages par jour, vous bouclerez le premier chapitre en moins deux semaines. Qui dit mieux ?

3

C'est un beau roman, c'est une belle histoire

Caractéristiques du roman sentimental

Un roman sentimental raconte une histoire d'amour qui se termine bien. Tous les romans sentimentaux obéissent à cette loi. L'histoire s'articule autour d'un couple dont l'amour est retardé par des obstacles, des complications, et progresse jusqu'au *happy end*. Ce scénario suit une trame immuable, des embûches retardent le grand amour promis. À l'auteur d'apporter son univers inventif. Le roman que vous allez écrire se doit d'être réaliste, quel que soit le lieu où vous transposez votre intrigue, tout comme son action devra être progressive, avec des rebondissements. Même si le lecteur sait que, à la fin du roman, les deux amoureux seront à nouveau réunis pour le meilleur, il doit trembler, s'inquiéter, espérer, s'émouvoir, avant de lire les dernières lignes.

Miroir de la société, le genre est en perpétuelle évolution et a suivi la libération des femmes. Les héroïnes ne sont plus des ingénues, vulnérables et soumises ; elles se sont libérées et sont indépendantes financièrement. Elles ne quittent plus leur emploi lorsqu'elles se marient. D'ailleurs, elles ne sont plus toutes infirmières ou secrétaires, l'égalité des sexes est passée par là ; une femme peut être pilote de ligne ou archéologue. Elles ne sont pas des victimes et ne sont plus forcément des jeunettes de vingt ans. Là aussi, l'évolution se fait sentir et le roman offre aux femmes de tout âge l'espérance d'un amour nouveau. Quant aux hommes, ils ne sont plus dominateurs, mais protecteurs, la nuance est de taille, ils ont des failles et savent demander de l'aide à leur compagne. Le héros peut être bourru au premier abord, mais ensuite, quand on le connaît, on sait la perle qui se cache derrière cet être bougon…

Écrit pour faire rêver, le roman sentimental propose une vision idyllique de l'amour, tout en restant crédible, même si l'histoire parle de fantôme ou de vampires : cela peut arriver ou pourrait arriver dans la vraie vie. Je ne parle pas de l'amour lui-même, car heureusement, il existe, mais dans l'intrigue proposée par l'auteur. Quel que soit l'univers abordé, il doit paraître crédible. Mais ne brûlons pas les étapes, les prochains chapitres vous éclaireront sur cette fameuse intrigue…

Dans le roman sentimental actuel, la relation, même conflictuelle (au début…), n'en est pas moins sensuelle. Les contraires s'attirent. Des scènes jugées, il y a quelques années, totalement inimaginables ont fait leur apparition. Des scènes sensuelles pimentent les romans sentimentaux, mais toujours selon une règle morale immuable : les ébats amoureux se font dans le cadre d'un amour partagé et désiré. C'est aussi un monde sans adultère… du moins, pour le moment. Le roman suit l'évolution des mœurs… et des lecteurs.

La façon d'aborder l'histoire a aussi évolué, pas forcément du point de vue de la femme mais de l'homme (relire Guillaume Musso et Marc Lévy, tout comme Nicholas Sparks…). C'est à lui, le héros, que l'histoire arrive, et les obstacles placés devant lui pour trouver ou retrouver sa compagne ne sont pas non plus une partie de plaisir ! Il lui faudra lutter, ne pas s'apitoyer sur lui et toujours croire en l'amour… Les romans écrits selon le point de vue masculin semblent beaucoup plaire aux lectrices, même si cette façon d'aborder le roman sentimental n'est pas le plus fréquent.

Les deux personnages principaux (votre héroïne et son prince charmant) ne se connaissent peut-être pas au début de l'histoire ; ils auront un coup de foudre l'un pour l'autre ou, au contraire, ils vont s'opposer dès les premières lignes. Des personnages que tout oppose

24

peuvent être une bonne idée de départ. C'est d'ailleurs une intrigue qui est souvent utilisée. Alors, vos héros, comment vont-ils se rencontrer, s'aimer, puis affronter les obstacles que vous ne manquerez pas de mettre en travers leur route ? Voilà où votre originalité va être mise à rude épreuve.

L'auteur américaine Nora Roberts, dont les livres se sont vendus à 400 millions d'exemplaires dans le monde, résume bien ce que représente un roman sentimental :

> *« Les livres célèbrent l'amour, les émotions et l'engagement,*
> *et toutes ces choses que nous voulons vraiment. »*
>
> Nora Roberts

Le besoin de moderniser, de renouveler le genre, de le dépoussiérer, est apparu il y a une quinzaine d'années, avec la publication du roman d'Helen Fielding, *Le Journal de Bridget Jones* et l'arrivée de la *chick lit*. La *chick lit* joue avec les codes du genre, en apportant une bonne dose de fraîcheur et d'originalité (voir encadré).

La *chick lit*

Arrivée en France à la fin des années quatre-vingt-dix, la *chick lit*, abréviation de *chick literature*, littéralement « littérature de poulettes », fait les beaux jours des maisons d'éditions. Les lecteurs et lectrices se sont emparés de ce nouveau genre, plus moderne, plus léger, pétillant, souvent à l'humour grinçant, parfois désabusé, qui renouvelle la comédie sentimentale, tout en gardant les mêmes « ingrédients ».

Comment définir cette « littérature de poulettes » ? Avez-vous lu *Le Journal de Bridget Jones, Sex and the City, Gossip Girl, Confessions d'une accro du shopping* ou encore *French Manucure* ? Les héroïnes n'ont aucun tabou (enfin, presque), ont quelques complexes (les kilos…), des passions (les chaussures, le chocolat…), sont parfois amoureuses de leur patron, ou de celui de leur copine, en ont assez du célibat. Elles ont entre 25 et 35 ans, sont jolies, intelligentes, indépendantes financièrement, vivent dans une grande ville, entourées d'une flopée de bonnes copines avec qui elles partagent confidences et virées nocturnes. Leur relation, parfois fusionnelle, avec leurs ami(e)s ou leur famille tient une place importante dans ce nouveau genre mais la recherche de l'amour est toujours présente, quitte à faire partager ses états d'âme à tous ses proches ! Souvent à la recherche d'une promotion, ou d'un mari qu'elle

veut idéal, l'héroïne finit par comprendre que ce qu'elle cherchait désespéré-
ment, en se battant pour réaliser son rêve, n'est finalement pas ce qu'elle dési-
rait profondément, cela ne correspond pas à ce dont elle avait véritablement
besoin. (C'est l'intrigue du *Diable s'habille en Prada*, où la jeune héroïne,
courageuse, misant sur un travail prestigieux, finit par comprendre que
l'amour de son fiancé est plus important que ses sacrifices pour quelques
paillettes…)

Dans les romans de *chick lit*, les héroïnes parlent d'amour et de leur quête du
prince charmant, de sexe, de leur travail, passionnant ou stressant, des relations avec les collègues, de leur espoir d'avancement, de leur ambition profes-
sionnelle. Elles peuvent être mères de famille, *superwomen* qui jonglent avec
un emploi du temps de ministre ou célibataires branchées. Les héroïnes
montrent aussi la difficulté de faire carrière tout en menant de front vie profes-
sionnelle et vie de famille. La *chick lit* évoque les problèmes de la vie des
femmes actuelles, qui subissent les pressions de leur entourage pour vivre en
couple, se marier, faire des enfants, mais aussi de la société qui donne en
exemple une femme active à qui tout réussit et à qui elle doit ressembler,
quitte à perdre son âme pour choisir entre les deux (et surtout ne pas choisir).

Écrit par les femmes pour les femmes, ce genre de « comédie romantique
urbaine » diffère donc légèrement du roman sentimental « classique », mais le
happy end est de rigueur. Les éditeurs ont donc créé de nouvelles collections,
qui jouent avec le code du roman sentimental traité d'une façon décalée. Mais
le fond reste le même…

Donc, pour réussir l'écriture d'un roman de *chick lit* : amplifiez et
exagérez les situations (saugrenues, cocasses, désabusées) de votre
héroïne affrontant un quotidien avec des hauts et des bas, qui ne sera
pas une jeune femme parfaite et posée mais qui aura une personnalité
enlevée et n'aura pas sa langue dans sa poche. Les aventures quotidiennes d'une jeune femme moderne, désinhibée, et qui cherche le
Grand Amour !

> « *Je voudrais porter un toast aux quatre millions de Parisiens.*
> *Parmi eux, il y a forcément mon idéal masculin, mon double, ma moitié,*
> *un aventurier, financier, protecteur, paternel, charmeur, fidèle… »*
> Géraldine Maillet, *French Manucure*

Guillaume Musso et Marc Lévy sont-ils des auteurs de romans sentimentaux ?

Pourquoi parler d'eux ? Parce qu'ils ont tous les deux leur place (comme Katherine Pancol, entre autres…) dans ce guide.

Les livres de Marc Lévy se sont vendus à plus de 24 millions d'exemplaires à travers le monde. Quant à ceux de Guillaume Musso, ils caracolent eux aussi en tête des meilleures ventes ; l'auteur a vendu plus de 10 millions d'exemplaires de ses livres. Leurs noms sont même devenus une marque de fabrique.

Mais leurs livres sont-ils des romans sentimentaux ? Les contours qui délimitent le genre sont flous et si leurs romans sont bâtis sur la même intrigue : une rencontre, des obstacles qui séparent les amoureux, puis une fin heureuse, ces auteurs ont le talent de savoir raconter une histoire. Ils travaillent « à l'américaine » : le lecteur plonge immédiatement dans l'histoire, sans aucun temps mort pendant lequel les protagonistes pratiquent l'introspection ou refont le monde. Leurs personnages sont hors du commun, tout en restant crédibles, et font rêver les lecteurs.

Guillaume Musso utilise une intrigue qui a fait ses preuves : un couple ordinaire à qui il arrive une histoire extraordinaire. Comme il l'écrit sur son site (*www.guillaumemusso.com*) :

> *« Le surnaturel est un ressort dramatique qu'il m'arrive parfois d'utiliser comme parabole pour évoquer ce qui me passionne vraiment : les sentiments, le sens que l'on donne à sa vie, l'absence, la peur. »*

Dans son 10e roman, Marc Lévy donne le ton.

 Marc Lévy, *La Première Nuit*

« L'amour est l'ultime aventure, mais l'aventure n'est pas sans dangers… »

Et, dès les premières lignes du premier chapitre, il lance son histoire.

 Marc Lévy, *La Première Nuit*

« La première fois que j'ai dormi ici, je n'avais prêté aucune attention à la vue, j'étais heureux à l'époque et le bonheur rend distrait {…/…}. Ton

absence est entrée en moi comme une petite mort qui ne cesse de creuser son chemin. Une taupe dans le ventre. »

Et nous ne sommes qu'au premier paragraphe. Les presque cinq cents pages répondront aux questions posées au départ : le personnage principal (Adrian) va-t-il retrouver l'héroïne (Keira) ? qui sont ceux qui veulent les séparer et pourquoi ? vont-ils se retrouver ? Le lecteur s'identifie facilement à un des personnages, il sait à l'avance que la fin du roman réserve une fin heureuse, mais il suit avec attention les différents obstacles que l'auteur a placés sur la route des amoureux.

Dans son premier roman, *Et si c'était vrai ?*, Marc Lévy a choisi une intrigue qui a séduit des millions de lecteurs : une femme dans le coma entre en contact avec un homme, qui est le seul à pouvoir la voir et lui parler ; il la sauvera et la ramènera à la vie.

Le canevas est le même que pour tout roman sentimental : rencontre (ou couple déjà formé mais bientôt séparé malgré eux) ; obstacles, péripéties ; fin heureuse. Ensuite, le talent et l'imagination de l'auteur font le reste…

Les différents thèmes

Il existe un large choix de thèmes utilisés pour l'écriture d'un roman sentimental : contemporain, historique, passion, médical, aventure, policier, *fantasy*, comédie, suspense, futuriste, érotique, vampires, paranormal, *chick lit*…

La romance contemporaine est la plus traitée, elle parle de notre époque et de nos mœurs, parle d'amour au travail, en vacances. Mais aussi d'enfants secrets ou de grossesse non désirée. Les lecteurs se projettent facilement dans une histoire qui peut être la leur. Si vous choisissez un thème policier, un mystère ou une enquête sera résolu(e) par les deux protagonistes qui trouveront là le moyen de se rapprocher et de constater qu'ils sont faits l'un pour l'autre. Souvent, la femme est amnésique et le héros doit l'aider à retrouver la mémoire.

Dans la romance médicale, le décor est souvent le service d'urgence, un hôpital, où les hommes seront médecins, chirurgiens, urgentistes, et les femmes pédiatres, infirmières. Ce thème vous interdit de traiter la relation d'amour entre un malade (qui va guérir même si c'est très grave) et un soignant. C'est contraire à l'éthique des personnels soignants, donc… à éviter.

La romance historique vous permet de créer une intrigue à une époque que vous appréciez. Plongez avec délice dans la Rome antique ou le château de Versailles, à condition de connaître l'époque et d'avoir étudié de près les mœurs de la période choisie. La romance érotique propose des moments de passion entre les deux personnages principaux, sans oublier les sentiments et l'amour partagé, car, dans les romans sentimentaux, l'amour se conjugue avec le cœur.

La romance *fantasy* propose des univers où des prophéties empêchent les héroïnes de devenir mortelles (ou divines, c'est selon…), des princesses maudites à la recherche d'un secret pour se libérer des mauvais sorts ou encore des magiciennes en quête d'un royaume. Leur âme sœur est un homme solitaire prêt à les affronter (avant de succomber) ou à les aider. Les intrigues proposées par la romance *fantasy* font entrer le lecteur de plain-pied dans un univers magique.

La comédie romantique a le vent en poupe ; les romans de *chick lit* se sont emparés de ce thème, où l'humour a toute sa place. Certains romans mettent en scène des couples divorcés qui se (re)tournent autour, jouant au chat et à la souris, attendant qu'un élément, une situation, les rapproche à nouveau. Ou bien des idées farfelues pour trouver un homme, des copines délurées et un boulot passionnant, et c'est parti pour un tour ! Peut-être vous sentez-vous plus à l'aise dans ce style pétillant si *Sex and the City* est votre référence dans ce domaine.

Un petit mot sur les romans de terroir, car, s'ils ne font pas partie des romans sentimentaux à proprement parler, certains auteurs, comme Françoise Bourdin (voir sur son site : *www.francoise-bourdin.com*), ont le talent de mêler histoires de famille, au sein desquelles les liens familiaux sont puissants et ancrés dans une région, et intrigue romanesque. Si ce thème vous inspire, renseignez-vous sur les lieux que vous voulez décrire et transportez-vous dans un endroit inédit où votre histoire pourra s'épanouir.

Comme vous le constatez, le genre est vaste, apte à satisfaire tous les goûts, car l'amour est bien le centre de toutes les préoccupations. Quel que soit le thème que vous choisissez, n'oubliez jamais : vous écrivez un roman centré sur le développement d'une histoire d'amour avec une fin heureuse. Si les auteurs adoptent, dans la plupart des cas, une héroïne comme personnage principal, certains préfèrent mettre en scène un héros à la recherche de son idéal féminin. En effet, le roman sentimental, miroir de la société, s'adapte à elle, et n'hésite plus à proposer une narration du point de vue masculin.

Bit lit

Comme pour la *chick lit*, de nouveaux thèmes apparaissent et ont donné naissance à la *bit lit*, c'est-à-dire la « littérature mordante ».

Des histoires d'amour entre vampires, ou entre un humain et un loup-garou, ou des fées, des télépathes ou des démons. Peut-être avez-vous lu *Twilight* de Stephenie Meyer ?

Qu'attendent les lecteurs ?

Le roman sentimental, quel que soit le thème abordé, est une lecture de loisir, qui permet de s'évader un moment de ses tracas quotidiens. C'est une lecture de détente, la promesse de deux ou trois cents pages (ou plus) de plaisir et d'évasion. Le ton est léger, l'intrigue captivante, le dénouement réussi. Le lecteur doit pouvoir s'identifier à un des personnages principaux et rêver de l'autre. Il n'attend pas seulement que l'auteur lui raconte une belle histoire d'amour, mais de savoir comment il parviendra à la mener à bon port.

C'est une lecture qui joue sur l'émotion, qui donne de l'espoir en montrant une image positive d'amour partagé, de respect mutuel et d'entraide, d'égalité dans les rôles. Le lecteur aime se projeter dans l'histoire, il en tirera un réconfort, car oui, l'amour peut changer le cours des choses, apporter sa dose de magie, de passion. L'histoire permet de continuer à croire en nos rêves d'amour et d'en « réécrire » certains passages, en imagination cette fois.

Voici ce que les lecteurs (et surtout les lectrices) attendent de lire dans les pages de leur roman :

 Nicholas Sparks, *Une bouteille à la mer*

« Je suis là pour t'aimer, pour te tenir dans mes bras, pour te protéger. Je suis là pour apprendre de toi et recevoir ton amour en retour. Je suis là parce que je ne pourrais être nulle part ailleurs. »

Marc Lévy, *Où es-tu ?*

« Aimer, ce n'est pas renoncer à sa liberté, c'est lui donner un sens. »

Le lecteur sait ce qu'il vient chercher dans ces pages, à l'auteur de lui offrir ce sentiment de nostalgie et cet espoir que l'amour existe toujours, de le lui confirmer ou de le lui apprendre. Un roman sentimental veut aussi prouver que le meilleur peut arriver dans nos vies. Un roman sentimental, c'est un conte de fées pour les grandes personnes.

« C'est toujours la même histoire »

Voilà ce qui est souvent reproché au roman sentimental. Le lecteur sait ce qu'il vient y chercher. Il se trouve en terrain connu. Il sait que l'amour finira par triompher des obstacles semés au fil des chapitres. Le lecteur se sent accompagné tout au long de sa lecture. Quel que soit le thème (policier, fantastique, historique...), l'histoire se terminera par une fin heureuse. Les reproches faits au roman sentimental sont ce qui fait sa force, le plaisir de la lecture est accru par cette assurance : connaître la fin et s'étonner des ruses de l'auteur pour surprendre avec des embûches qui ne manqueront pas de se présenter pour priver les tourtereaux de leur histoire d'amour. C'est donc l'inventivité de l'auteur pour créer une bonne intrigue, romantique et intense, qui va séduire le lecteur.

Que demandent les éditeurs de ce genre ?

Les éditeurs attendent de bons textes qui feront de bons romans qui plairont au public. Facile, me direz-vous, ils recherchent tous LE livre qui deviendra un succès. Offrez-leur de l'originalité, tout en maintenant le lecteur dans un cadre rassurant, sans trop bouleverser ses marques. C'est à vous de les inviter, de leur donner envie d'en savoir plus, de se laisser aller et de vous faire confiance. Lorsqu'ils auront totalement adhéré à l'histoire, qu'importe (et bien au contraire) que votre intrigue les emmène bien loin de leurs repères. L'éditeur sera séduit par une écriture fraîche, avec une histoire qui sonne « authentique », avec des personnages à la psychologie développée et une intrigue qui tient sur la durée des deux ou trois cents pages. Car il sait que les lecteurs attendent la même chose. Un éditeur sait dès les premières pages si l'histoire peut toucher un large public qui va se reconnaître dans les personnages. Il y a une norme pour ce genre, et l'auteur doit la respecter tout en apportant sa touche personnelle qui le différencie des autres auteurs de romans sentimentaux. Pour séduire l'éditeur qui vous fera confiance et éditera votre livre, proposez-lui une histoire qui tienne la route, qui soit bien construite, bien écrite. Offrez-lui une histoire aboutie. Attention à ne pas envoyer votre manuscrit trop tôt, c'est le premier reproche des éditeurs, recevoir des manuscrits qui mériteraient d'être travaillés plus en profondeur. Du temps, du travail… derrière des images roses se cache beaucoup d'énergie.

4

Il était une fois...

Trouver une idée de base

Une idée de base, c'est la fondation de l'histoire que vous voulez raconter. C'est quelque chose qui vous tient à cœur, une rencontre insolite, un fait divers, une scène quotidienne, un souvenir d'enfance ou une conversation entendue à la terrasse d'un café. Tout commence par cette idée de départ que vous allez résumer en une phrase. Dans les romans sentimentaux, la maxime « l'amour triomphe toujours de tout » est déclinée en une multitude de thèmes possibles pour cerner un premier principe : « on peut guérir de son passé », « l'amour est aveugle », « l'amour offre toujours une deuxième chance », « méfiez-vous du passé » ou encore « faites confiance à vos sentiments ». Partez de ce que vous connaissez le mieux, faites simple. Vous le savez, tous les thèmes ont été traités, mais pas comme vous allez le faire !

Donc, l'idée de base se résume en peu de mots, ensuite, vous allez l'enrichir et la travailler. Mais en premier lieu, écrivez ce qu'elle évoque pour vous. Avec quels personnages, dans quel décor voulez-vous la transmettre ? Quel thème allez-vous choisir pour traiter cette idée ? Une période historique précise, le surnaturel et un univers magique, le suspense, la comédie romantique ?

Pour vous entraîner à bien saisir une idée de base, cherchez-la dans les romans que vous lisez. L'auteur a transmis un message aux lecteurs, à vous de le trouver. Une fois cette idée mise au jour, il est possible d'entamer le processus de création du roman.

Et si vous séchez... ?

Vous ne trouvez pas d'idée qui tienne la route, ou celle que vous envisagez est encore confuse. Une boule d'angoisse se forme dans votre poitrine, vous bloquez dans l'écriture et vous sentez que rien ne sortira dans ces moments de doute intense. Que faire ? Quelques pistes à explorer :

• si vous avez une passion (que ce soit l'architecture, la peinture à l'aquarelle ou l'Italie), faites des recherches, notez ce qui vous « parle ». Vous utiliserez peut-être certains éléments dans votre roman. Les lecteurs aiment beaucoup apprendre tout en conservant la lecture de détente qu'ils viennent chercher dans ces romans ;

• cherchez dans votre mémoire ou en demandant à votre famille ou vos amis de vous raconter la plus grande histoire d'amour qu'ils connaissent, certaines histoires se transmettent de génération en génération. Notez leurs anecdotes, vos sensations, leurs émotions ;

• lisez : un auteur ne peut faire l'impasse sur la lecture. Plongez dans un roman du genre que vous voulez écrire. En lisant, on s'imprègne aussi de la façon dont l'histoire est menée. Et en trouvant son idée de base, il se peut que la vôtre surgisse également.

Faire un résumé

Un résumé est un condensé de quelques lignes, d'une page maximum. Il permet de cerner un peu mieux et en peu de mots votre histoire. Celle-ci pourra se modifier en cours d'écriture, mais c'est une bonne base pour savoir où vous allez. Si vous ne pouvez résumer votre histoire, c'est qu'elle est bancale, trop compliquée et ne tiendra pas sur la durée. Dans ce cas, il vaut mieux recommencer totalement. Que voulez-vous qu'il se passe dans votre roman ? Avez-vous choisi l'époque : contemporaine ? médiévale ? un monde imaginaire ? Quels seront les personnages ? Comprend-on l'idée de base que vous avez formulée ?

Pour vous aider, déterminez le moment de la naissance de l'amour des deux personnages principaux. Sont-ils des collègues, des amis d'enfance qui se sont perdus de vue et se retrouvent par hasard des années plus tard ? Est-ce un coup de foudre réciproque (ou non...) ? Sont-ils des « ennemis » et essaient-ils de se fuir (pour mieux se retrouver) ?

Il faut aussi définir le ton que vous allez utiliser pour écrire votre histoire. Faites ce qui est le plus facile pour vous et où vous êtes le plus à l'aise. Si vous excellez dans le ton humoristique, écrivez une comédie romantique, si votre style est sentimental avec un S majuscule, plongez-y avec délice. Tout ce qui vous rend heureux sert votre écriture.

Rappel

Les composants pour écrire un roman sentimental ne peuvent en aucun cas être modifiés : l'histoire s'articule toujours autour d'un couple dont l'amour est retardé par des obstacles, des complications, et suit une progression jusqu'au *happy end*.

Lisez les quatrièmes de couverture des romans qui vous intéressent, voyez comment fait l'auteur pour attirer le lecteur en lui proposant une histoire alléchante, piquante, drôle ou émouvante. Voici ci-dessous des exemples de résumés de romans, dont certains titres vous sont peut-être familiers. Lisez-les ; identifiez les différentes façons d'aborder la rencontre, voyez comment une histoire d'amour peut être traitée de manières tellement différentes, chaque auteur y apportant sa sensibilité. Notez si des résumés vous touchent plus que d'autres ; familiarisez-vous avec ces courtes présentations. Dans ces résumés, la fin n'est pas divulguée, tous les lecteurs savent que l'histoire se termine bien. Le challenge de l'auteur est d'amener cette fin le mieux possible, en surprenant son lecteur, et en le passionnant jusqu'à la dernière ligne. Voilà le défi de l'auteur de roman sentimental : prendre par la main son lecteur de la première à la dernière ligne, pour une promenade agréable de deux cents pages minimum.

Quelques exemples de résumés

 Nicholas Sparks, *La Raison du cœur*

« À Boone Creek, dans le petit cimetière de Cedar, de mystérieuses lumières apparaissent lorsque la nuit tombe. Selon de vieilles légendes, elles seraient la manifestation d'esprits errants et belliqueux. {…} Journaliste scientifique et homme meurtri par un douloureux divorce, Jeremy ignorait qu'en gagnant la petite ville de Boone Creek pour enquêter sur ces phénomènes étranges, c'était en fait l'amour qu'il allait découvrir…
Mais Lexie, elle aussi éprouvée par une liaison difficile, se montre tout d'abord méfiante envers cet étranger. {…} Sa confiance sera difficile à gagner. {…} Jeremy croit enfin tenir la vérité sur les phénomènes de Cedar lorsque Lexie disparaît. »

 Nora Roberts, *Coup de cœur*

« Doug est un vrai gentleman. C'est aussi un voleur de grand talent. Whitney est une jeune New-Yorkaise richissime et au caractère bien trempé. Rien ne les destinait à se rencontrer, et pourtant… Poursuivi par trois malfrats, Doug se réfugie dans la voiture de la jeune fille. Il a dérobé des documents prouvant que les fabuleux bijoux de Marie-Antoinette dorment dans une grotte à Madagascar. Whitney, qui s'ennuie, prend le large avec le séduisant bandit. Les deux aventuriers échapperont-ils aux tueurs lancés à leurs trousses ? Et, surtout, à l'attraction qui les attire irrésistiblement ? »

 Cecelia Ahern, *Merci pour les souvenirs*

« Après un accident qui a bouleversé sa vie et détruit son mariage, Joyce Conway ne doit la vie qu'à une transfusion sanguine. Mais des phénomènes étranges commencent à se produire. Elle se souvient de choses qu'elle n'a pas vécues. Dès lors, Joyce n'aura plus qu'un but : découvrir à tout prix qui lui a donné son sang, dans l'espoir de comprendre ce qui lui arrive. Et retrouver le bel Américain dont elle a fait la connaissance le jour de sa sortie de l'hôpital. »

36

 Marie Laurent, *Amoureuse Béatrice*

« 1738 : Béatrice, cadette d'une famille noble mais désargentée, ne se sent pas faite pour la vie religieuse. Florian de Champeauville, séduisant jeune homme, l'aide à se sauver du couvent où elle végète. Entre eux naît une folle passion. Mais Florian est pauvre et Béatrice sera contrainte à une union de convenance avec un personnage cynique et pervers. Sa beauté la mènera dans le lit de Louis XV, sans qu'elle parvienne à oublier son premier amour... »

 Elizabeth Young, *Petites Embrouilles et Pieux Mensonges*

« L'un des péchés mignons de Sophy est le mensonge. Pour faire plaisir à sa mère, elle s'est inventé un ami régulier et bien sous tous rapports : Dominic, bel homme, bon job, tout pour plaire. Mais les choses se corsent lorsque Belinda, sa petite sœur, annonce son mariage en grande pompe avec un bellâtre {...}. Sophy n'a plus le choix : elle va devoir soit avouer la vérité, soit se surpasser en ruses. Elle choisit la deuxième option, et engage un escort-boy pour le week-end. Et ce qui devait arriver arrive : le jeune homme en question, Josh, est irrésistible... »

Et pour terminer, l'extrait du résumé d'un livre d'Abby Green qui a choisi de bâtir son roman du point de vue du héros et non de l'héroïne, comme c'est le plus fréquent.

 Abby Green, *Face au scandale*

« S'il y a bien une chose à laquelle Sebastian Wolfre ne s'attendait pas, c'est à découvrir dans la suite de son hôtel de Bombay une jeune femme en pleurs... qui n'est autre qu'Aneesa Adani ! La célèbre actrice ne devait-elle pas se marier le matin même avec une star du grand écran ? Mais quand Aneesa lui apprend qu'elle a fui la cérémonie pour éviter un mariage arrangé avec un homme qu'elle déteste, Sebastian se sent soudain envahi par un étrange désir de protection – la jeune femme va devoir affronter un terrible scandale –, et par une attirance irrésistible... »

Ces résumés, tous thèmes confondus, donnent une idée de ce qui va se passer dans le roman. Une attirance (ou parfois un rejet immédiat) va lancer l'histoire d'amour. Un résumé, tel que le lecteur peut le lire sur la quatrième couverture des romans, permet d'accrocher son intérêt, de lui donner envie de lire l'histoire, d'y projeter ses propres désirs.

Katherine Pancol peut-elle vous aider ?

Katherine Pancol a le grand talent de mêler amour, désirs et vie quotidienne. C'est une conteuse qui offre une galerie de personnages hauts en couleurs. Voici un extrait du résumé de *La Valse lente des tortues* (Albin Michel, 2008). Notez la promesse de l'auteur de vous emporter dans le tourbillon de son histoire* :

« Ce livre est une bourrasque de vie…

Un baiser brûlant du seul qu'on ne doit pas embrasser.

Deux bras qui enlacent ou qui tuent.

Un homme inquiétant, mais si charmant.

Une femme qui tremble mais qui espère ardemment…

Un homme qui ment si savamment.

Une femme qui croit mener la danse, mais passe son tour.

Des adolescents plus avertis que les grands…

Un homme qui joue les revenants.

Un père, là-haut dans les étoiles, qui murmure à l'oreille de sa fille…

[…]

Des personnages qui avancent obstinément comme des petites tortues entêtées qui apprendraient à danser lentement, lentement, dans un monde trop rapide, trop violent… »

* L'auteur ne dévoile pas le contenu de son histoire mais promet au lecteur que ce roman lui fera passer un bon moment de lecture. Elle propose une intrigue où se croisent de nombreux personnages. Dans ce roman choral, le lecteur s'identifiera forcément à l'un d'eux, il y en a pour tous les goûts, pour tous les âges…

En lisant ces quelques extraits, vous voyez comment fonctionne le résumé d'une histoire. À vous maintenant ! Écrivez le résumé d'une histoire que vous avez en tête, même si ce n'est pas pour votre roman. Cet exercice doit être l'occasion d'imaginer des histoires. De développer votre imagination. Faites un premier jet, puis retravaillez votre résumé jusqu'à ce que vous soyez satisfait. Il n'a pas besoin d'être absolument parfait, il doit juste vous plaire. Le résumé présente les personnages, l'ambiance générale, plante le décor. Où, à la manière de Katherine Pancol, il emporte le lecteur dans un tourbillon prometteur. Votre résumé comportera au maximum une dizaine de lignes. Écrivez-en plusieurs, c'est un bon entraînement pour la mise en route de votre roman. Cet exercice développe l'imagination et la créativité.

Pitch ou pas *pitch* ?

Le *pitch* est issu d'un terme anglais *sales pitch*, c'est-à-dire « argumentaire de vente ». Un *pitch* sert à présenter, en une phrase ou deux maximum, ce que vous voulez que l'on sache de votre histoire. C'est une accroche, que généralement l'auteur place avant son résumé, qui sert à synthétiser et à attirer le lecteur (et l'éventuel éditeur). Voici quelques exemples de *pitch* de romans que vous connaissez sûrement :

 Marc Lévy, *La Première Nuit*

« L'amour est l'ultime aventure, mais l'aventure n'est pas sans dangers... »

Guillaume Musso, *7 ans après*

« Un divorce les avait séparés...
... le danger va les réunir. »

Guillaume Musso, *La Fille de papier*

« Quand la vie ne tient qu'à un livre ! »

Danielle Steel, *Les Lueurs du sud*

« Pour protéger sa fille, une femme doit se réconcilier avec son passé. »

Liz Young, *Que la meilleure gagne*

« Existe-t-il pire situation que de tomber amoureuse du petit copain de votre meilleure amie ? Oui, flasher sur celui de votre ennemie attitrée ! »

Emily Griffin, *L'Autre Homme de ma vie*

« Comment ne pas douter du présent quand le passé refait surface. »

Vous avez compris le principe. Le *pitch* permet également de poser les bases du roman. Tout ce qui permet de cerner au mieux votre histoire. Vous avez votre idée de base, vous avez écrit votre résumé (même provisoire…), vous savez où vous allez, tout au moins vous connaissez le but final, car l'écriture, en cours de route, réserve des surprises. Mais, au moins, vous avez les fondations de votre histoire. Prenez le temps de vous installer dans votre roman, il grandit d'abord dans votre tête, en imagination. Allez pas à pas, c'est le meilleur moyen de ne pas tomber.

Un *pitch*, ça vous tente ? Avec les premiers éléments que vous avez réalisés pour votre roman (idée de base et résumé), inventez un *pitch* pour votre histoire. Qu'est-ce qui peut, en une phrase ou deux, donner le ton de votre roman ? Vous pouvez aussi vous amuser en trouvant le *pitch* d'un roman que vous aimez.

Choix du point de vue

Il existe différentes façons de raconter une histoire. Le point de vue que vous allez choisir est primordial. De votre choix dépendra la façon dont vous allez développer votre histoire. Vous allez écrire en utilisant le « je » ou le « il »/« elle ». Il n'y en a pas de meilleur que d'autre, c'est à vous, et à vous seul, de choisir celui qui vous convient le mieux.

Le point de vue interne (récit à la première personne, « je »)

C'est le personnage principal que vous avez choisi qui raconte l'histoire. Il ne connaît que ses propres sentiments ; des événements, des faits autour de lui peuvent lui échapper. Tout passe par son regard. Certaines informations seront donc plus difficiles à révéler, il vous faudra trouver le moyen de faire comprendre aux lecteurs comment et pourquoi le narrateur connaît certains éléments. En utilisant le « je », le lecteur peut s'identifier plus rapidement au personnage. Il est plus proche de lui, de toutes ses actions et de ses sentiments. Il est peut-être plus facile, pour un auteur débutant, de choisir ce point de vue, plus intimiste.

Le point de vue externe (récit à la troisième personne, « il » ou « elle »)

L'écriture selon le point de vue externe est celui que l'on retrouve le plus souvent dans les romans. L'auteur s'implique moins qu'en utilisant le « je », qui peut sembler plus autobiographique. Lorsque l'auteur utilise le point de vue à la troisième personne, il crée un univers romanesque plus riche, plus complexe. Il entre dans l'esprit du personnage principal, qui communique ses pensées, ses désirs. L'auteur marque une distance avec ses personnages.

L'auteur peut également être à la fois tous les personnages qui peuplent l'histoire. Chacun raconte alors sa propre vision d'un événement, d'une rencontre, d'une dispute… On parle alors de « point de vue zéro » ou « focalisation zéro ».

Limitation d'un point de vue

Le point de vue interne (« je ») pose le problème de placer votre personnage principal dans toutes les scènes, puisqu'il « raconte » l'histoire à votre lecteur. Il ne connaît pas certains faits, ni les pensées des autres personnages du roman. Cela limite donc les possibilités car toute l'attention est portée sur le narrateur.

Prenez garde, cependant, à ne pas passer d'un point de vue à l'autre dans un même paragraphe. Vous pouvez passer de la première à la troisième personne dans des chapitres différents, mais pas dans un même chapitre, le lecteur aurait du mal à vous suivre.

À vous de tester les différents points de vue, de constater les limites qu'ils imposent. Vous devez être à l'aise avec la narration, sachez qu'il n'y a pas de mauvais choix, chacun propose un récit vu différemment.

Exemples des différents points de vue

Quelques exemples de point de vue interne

 Brigit Hache, *Prédiction amoureuse*

« En cette belle fin de journée, je trompais ma solitude, accaparée par l'écran complice, entre les quatre murs de ma chambre. Les arbres du parc tout proche semblaient s'inviter dans la petite pièce, la lumière particulière du ciel, tirant vers le rouge, accompagnait le lent coucher du soleil. Je me sentais à mon aise face à l'écran qui devenait une fenêtre ouverte sur tous les ailleurs. Je me forçais à l'optimisme, je me répétais que le temps passé n'était plus à rattraper, espérais une nouvelle chance de bonheur et croyais en ma bonne étoile. »

 Hélène Caussignac, *Un troublant détective*

« Je me couchai ce soir-là avec une sensation de malaise. Je regrettais encore plus qu'avant la perte de ma mémoire et de ma vie, et je n'arrivais pas à démêler les sentiments négatifs qui agitaient mon esprit. »

 Marc Lévy, *La Première Nuit*

« Mes mains sont moites, cette moiteur pénètre mon corps tout entier. Je frissonne, j'ai chaud, j'ai froid ; le serveur s'approche et me demande si tout va bien. Je voudrais lui répondre, mais je n'arrive pas à articuler le moindre mot. »

Quelques exemples de point de vue externe (« il »/ « elle »)

 Nora Roberts, *Mariage à Manhattan*

« Kate allait veiller à ce que tout soit parfait. Chaque étape, chaque détail de son projet se réaliserait comme elle l'avait voulu, préparé, planifié, jusqu'à ce que son rêve devienne réalité. Ne pas viser la perfection était à ses yeux une perte de temps, et Kate Kimball n'était pas femme à perdre son temps. »

 Janette Kenny, *Un désir ardent*

« Elle devait tourner la page, commencer une nouvelle vie. Cette demeure était le lieu idéal pour retrouver la paix intérieure et la sérénité. Elle gagna la

palapa, *la véranda surplombant la plage privée à laquelle on accédait par quelques marches. Jadis, elle aimait s'y installer pour siroter son thé en songeant à l'homme qu'elle adorait... »*

Brigit Hache, *Prédiction amoureuse*

« L'amour se cachait toujours, mais Victoire était rassurée de pouvoir compter sur un travail apprécié. Sa présence toute nouvelle devant l'écran de son ordinateur était vécue comme un moment à elle. Elle lut son courrier où les mêmes mots s'alignaient sans intérêt. Fatiguée, après cette harassante journée de travail, elle délaissa son ordinateur, se mit à l'aise en enfilant un vieux peignoir puis se prépara un bain moussant où elle plongea avec délice. »

À votre tour, écrivez un paragraphe de quelques lignes, en utilisant le point de vue interne (« je »), puis changez de point de vue, en passant à la troisième personne. Comparez les textes, et voyez dans lequel vous êtes le plus à l'aise. N'écrivez pas en vue de commencer (ou de continuer) votre roman, écrivez pour le plaisir et pour comprendre ce que les différents points de vue peuvent apporter à votre histoire. Ensuite, passez à l'écriture de *votre* roman.

L'importance des dialogues

Un roman sentimental comporte de nombreux dialogues, certains romans pouvant en proposer jusqu'à 70 % du texte. Les dialogues permettent d'insuffler du rythme et d'aérer le récit. Les dialogues rendent plus vivante une scène, une action, une rencontre. Les dialogues servent aussi à donner des explications sur un personnage, à indiquer ce qu'il a prévu de faire, son ressenti après une rencontre, ou à relancer une action, à accentuer des tensions, tout ce que vous ne pouvez inclure dans votre narration. Ils servent à faire progresser l'histoire. Les dialogues dans le roman sentimental sont courts, aérés, fluides.

Un dialogue permet au personnage de s'exprimer et au lecteur d'en savoir davantage sur lui. Mais attention, tous vos personnages ne parlent pas d'une même voix. Ils ont leur propre personnalité. Vous ne pouvez pas faire parler de la même manière une jeune femme amoureuse et un quadragénaire séducteur. Ils ont tous une façon différente de s'exprimer, c'est comme dans la vraie vie… N'employez pas de langage grossier, la lecture du roman doit être plaisante, vous utiliserez un langage familier mais sans vulgarité. Chaque époque a son langage, et si vous optez pour la romance historique, prenez garde à l'anachronisme.

Relisez à voix haute les dialogues que vous avez écrits, ou demandez à un proche de « jouer » la scène avec vous, vous vérifierez immédiatement si vos dialogues sonnent justes. Les dialogues permettent aux personnages de révéler des facettes de leur personnalité, les relations qu'ils tissent entre eux. Évitez les monologues – l'héroïne devant son miroir, se racontant à elle-même ses déboires ou ses espérances – car c'est un procédé qui donne de la lourdeur au roman.

Utilisation des dialogues

Avec des dialogues, vous allez :

• indiquer les mouvements : reculer, s'agiter, se lever, se pencher, s'approcher… ;

• donner le ton de la voix : agacée, posée, enrouée, calme, douce, forte, glaciale, colérique, froide… ;

• et son intensité : murmurer, crier, hurler, chuchoter, hausser le ton, bredouiller, articuler, gémir… ;

• montrer le langage corporel : taper du poing sur la table, fermer les yeux, se crisper, passer sa main dans les cheveux, se mordre les lèvres…

Autre piège du dialogue, il faut que le lecteur sache qui parle ! Qui parle et avec qui ? Pour cela, vous allez utiliser des incises. Une incise permet d'indiquer qui a la parole. Elle se place après une virgule, un point d'exclamation ou d'interrogation, à la fin du dialogue s'il est court ou après la première phrase si votre dialogue est long. Par exemple : « – Et qu'est-ce que je suis censée faire ? *demanda Sandra* en s'approchant de lui. »

Ou dans un dialogue plus long : « — Laissons-lui le temps, *proposa David*, il est préférable qu'elle se remette totalement de cette histoire. Cela ne pouvait plus durer. »

Évitez les incises trop répétitives, qui deviennent lassantes pour le lecteur, comme dans cet exemple à ne pas suivre :

« — J'ai envie de te revoir, *proposa Paul.*

— Avec plaisir, *répondit Laura.*

— Demain, au restaurant du port ? *rétorqua-t-il.*

— J'y serai, sans fautes, *dit la jeune fille.* »

Vous comprenez que ce dialogue maladroit est plutôt pénible à lire surtout s'il continue...

Pour vous faire une idée plus précise de la façon d'organiser un dialogue, de placer l'incise, voici quelques extraits de dialogues tirés de romans.

 Alexandra Beauregard, *Révélation africaine*

« — C'est gentil de ta part, commenta la jeune femme. Je suppose que Philippe sera là ?
Awa acquiesça en souriant.
— Il n'y a pas de raison pour qu'il ne soit pas là, répondit-elle.
Julia se leva et prit congé en disant :
— Bon, je vous laisse. Je dois voir quelle tenue je vais mettre samedi. Peut-être faudra-t-il que j'aille à Nairobi, ajouta-t-elle en regardant sa mère. »

 Marc Lévy, *Et si c'était vrai*

« Paul dévisagea son ami avec compassion.
— D'accord, je t'envoie chez un médecin.
— Arrête Paul, je vais très bien.
Et s'adressant à Lauren :
— Ça ne va pas être facile.
— Qu'est-ce qui ne va pas être facile ? demanda Paul. »

45

Pour ne pas perdre le lecteur dans votre dialogue, ne laissez pas la conversation partir dans tous les sens, centrez-vous sur un sujet à la fois. Lorsque le dialogue gagne en longueur, il faut parfois repréciser qui parle. Au bout de trois ou quatre échanges, il est recommandé de rappeler qui répond. Bien que chaque tiret introduise une nouvelle réplique et donc un nouvel interlocuteur, votre lecteur risque de perdre le fil de l'histoire. Afin d'éviter les répétitions en précisant le même prénom, vous pouvez varier les appellations : en utilisant le *il* ou le *elle* si votre dialogue se déroule entre les protagonistes, ou en les appelant par le lien qui les unit : sa fiancée, sa sœur, son patron, son cousin, etc. Une astuce : vous pouvez rappeler un prénom, en l'intégrant dans le dialogue : « – N'est-ce pas, Martin ? » Le lecteur sait qui parle sans avoir à le vérifier à la réplique précédente.

Rappel

Le roman sentimental comprend un grand nombre de dialogues, jusqu'à 70 %. Il vous faut être attentif à créer des dialogues équilibrés dans vos chapitres. Que chacun d'eux comprenne un nombre de dialogues plus ou moins équivalent.

Dans un dialogue, vous allez pouvoir donner des informations sur les personnages (ce qu'ils font, qui ils sont), des qualités, des descriptions.

Par exemple, dans ce dialogue tiré d'un roman de Danielle Steel, vous apprenez en deux répliques des informations sur deux personnages.

 Danielle Steel, *Une femme libre*

« – À qui dois-je m'adresser pour proposer mes services ? demanda-t-elle dans un français parfait.
– À moi, répondit en souriant une femme d'à peu près son âge. »

Vous allez également donner des indications sur l'ambiance qui règne entre les personnages, une conversation peut être chaleureuse, amicale, ou bien tendue, glacée. Un personnage peut être de mauvaise humeur, fâché, vexé, fatigué… Avec les adverbes, vous donnez un certain relief à la conversation, vous révélez des caractères, des moments de doute ou d'intérêt, des indications qui servent à la compréhension d'une scène ou au déroulement d'une action : « – J'ai bien compris la leçon, répondit *sèchement* Marie. » Ou : « – Puis-je me joindre à vous ? demanda-t-il *poliment*. »

L'attitude même d'un personnage est aussi importante que ce qu'il dit. Il peut être nerveux, peu attentif, pressé, ou patient, calme, posé. Les indications placées dans le dialogue permettent de donner davantage de profondeur à vos personnages. Le lecteur connaît leurs tics, leurs défauts, leurs manies. Par exemple : « – Réponds-moi ! dit-il en s'agitant sur son siège. » Ou encore : « – J'attends ta réponse, répondit-il en triturant ses lunettes. »

 Danielle Steel, *Paris retrouvé*

« – *Tu es un oiseau rare et une fleur, affirma-t-il en se laissant tomber dans le seul fauteuil confortable de la chambre.* »

L'expression du visage de votre personnage peut aussi se modifier, changer, lorsque surgissent des émotions ou des conflits. Un personnage peut pâlir, blêmir, rougir ou avoir les joues en feu. La scène de dialogue que vous écrirez en tenant compte de ces détails sera plus vivante, les personnages plus définis, plus réalistes : « Je ne pensais pas te voir ce soir, dit-elle en rougissant. »

Comment écrire des dialogues qui « sonnent justes » ?

Tout d'abord, écrivez les dialogues comme vous le sentez, en vous laissant porter par les mots et les informations que vous voulez donner. Ne cherchez pas en premier lieu à trouver la bonne formule ou le dialogue percutant.

Relisez vos dialogues, laissez de côté les évidences et les dialogues sans surprise, qui butent sur les redites du dialogue précédent. Vos dialogues ne doivent pas être trop longs.

Puis, « jouez » la scène, lisez à voix haute les dialogues que vous avez écrits. Vous vous rendrez vite compte s'ils sont plausibles. Demandez à une personne de votre choix d'écouter vos dialogues, notez ses impressions et corrigez si besoin est.

Faites attention à varier les verbes (notamment *dire*, *faire*, *être* et *avoir*, en les remplaçant par des verbes plus précis). Il existe un grand nombre de verbes plus adaptés pour chaque dialogue, qui vont pouvoir l'animer. Un personnage peut « répondre » mais aussi *s'étonner*, *s'exclamer*, *s'écrier*, *râler*, etc. Pour vous aider, reportez-vous au chapitre 12.

Une répartie percutante, c'est bien, mais cela provoquera l'effet contraire si vous les enchaînez. Restez naturel, comme dans un dialogue réel entre deux personnes.

Continuez d'écrire votre roman, puis reprenez-le quelques jours plus tard à la relecture de vos précédents dialogues. Une mise à distance de votre texte ne peut être que bénéfique, vous percevrez davantage si votre dialogue paraît authentique, naturel.

À votre tour, exercez-vous à la création de dialogues. Faites les exercices suivants afin de vous familiariser avec eux. Je vous donne deux pistes à explorer, réalisez un dialogue de plusieurs répliques, en vérifiant que le lecteur sait bien qui parle et à qui.

Piste n° 1 :

Clara et Pierre sont voisins. Ils se connaissent peu mais l'un des deux a décidé de faire le premier pas et d'inviter son voisin à venir prendre un café pour faire plus ample connaissance. Imaginez le dialogue à partir du moment où Clara ou Pierre ouvre la porte à son charmant voisin ou à sa charmante voisine.

Piste n° 2 : Continuez le dialogue ci-dessous, en inventant une conversation entre deux amoureux :

« – Ferme les yeux, Lisa, j'ai une surprise pour toi.

– Qu'est-ce que c'est ? Ce n'est pas mon anniversaire.

– Je ne pouvais plus attendre, j'espère que tu ne seras pas déçue, répondit Benjamin. »

Comment débuter son histoire : le rôle de l'incipit

Tout d'abord, qu'est-ce qu'un incipit ? Incipit veut dire « commencer ». C'est le début d'un texte, il comporte quelques phrases, un paragraphe plus ou moins long. Ce commencement doit donner envie au lecteur de poursuivre sa lecture. Il doit « accrocher » au plus vite son lecteur, le lancer dans l'histoire. L'incipit donne les premiers éléments nécessaires pour comprendre l'atmosphère du roman ; le personnage principal ou les deux protagonistes de l'histoire sont présentés, le décor est esquissé. L'incipit peut même commencer par un dialogue, ainsi le lecteur est témoin de la scène et peut visualiser le contexte, ou par une action du personnage principal en train de se dérouler, ce qui donne vie à l'écriture ; le lecteur est alors entraîné à lire la suite. Par exemple la première scène sera une porte claquée lors d'une dispute. Le lecteur se posera la question de savoir ce qu'il s'est passé dès qu'il aura ouvert le livre et commence à lire ce fameux incipit !

Lisez quelques incipits de romans, qu'ils soient sentimentaux ou autres, voyez comment les auteurs lancent leur histoire.

Exemples d'incipits

 Nora Roberts, *L'Inconnu aux yeux gris*

« Katch la vit arriver sur sa Honda. Elle avait une allure royale, bien qu'elle soit simplement vêtue d'un jean et d'une veste, et que sa tête soit cachée par un casque. Après avoir stabilisé sa moto sur la béquille, Megan mit pied à terre. Elle était grande, et très mince. Katch s'appuya nonchalamment au distributeur de boissons et continua son observation en sirotant un soda. Quand elle ôta son casque, il émit un petit sifflement admiratif. Cette femme était d'une beauté renversante. Son visage était d'une grande finesse, sa bouche sensuelle. Ses cheveux bruns aux reflets mordorés dansaient sur ses épaules, et sa petite frange barrait un front haut. »

 Helen Kirkman, *La Princesse celte*

« Dans le Wessex, en l'année 716.
Il n'était venu que pour elle, ce démon de feu.
Dans la salle d'accueil du couvent, l'aumônier et les religieuses s'étaient retirés et s'appuyaient aux murs, épouvantés. Alina seule demeurait à sa place, au centre de la pièce. L'intrus, elle le connaissait.
— Cette femme m'appartient, proclama-t-il d'une voix forte. Je vais l'emmener avec moi. Malheur à qui tenterait de m'en empêcher !

Alina, pétrifiée, ne respirait plus. Il ne s'exprimait jamais en vain, cet être de violence et de lumière, cet Hercule dont aucun obstacle n'entravait la course. Pour en avoir déjà éprouvé les effets, elle ne doutait pas de ses pouvoirs. »

 Alexandra Beauregard, *Révélation africaine*

« Line avait à peine vingt et un ans lorsque le drame se produisit. Son frère, son père et sa mère périrent dans un accident de voiture. Après deux ans de classe préparatoire, la jeune fille avait passé le concours d'entrée à l'École nationale vétérinaire de Lyon et deux mois de vacances s'ouvraient devant elle. Une fois toutes les formalités réglées et la douloureuse épreuve de l'enterrement passée, Line se trouva désemparée. Son univers douillet venait de s'effondrer. »

 Danielle Steel, *Paris retrouvé*

« C'était une matinée de novembre paisible et ensoleillée. Carole Barber leva les yeux de son ordinateur pour contempler son jardin. Cela faisait quinze ans qu'elle vivait dans cette maison, pleine de coins et de recoins, qu'elle avait appelée Bel Air. »

Notez au passage, dans ces quelques lignes, toutes les indications que Danielle Steel arrive à transmettre : atmosphère paisible, identité de l'héroïne, l'endroit où elle vit, et ce qu'elle est en train de faire…

Comme vous le constatez en parcourant ces quelques exemples, il existe différentes façons de présenter les personnages principaux. Quant à la rencontre (même explosive, inattendue ou redoutée), elle se déroule parfois dès les premières lignes. D'autres fois, c'est l'un des deux protagonistes qui est présenté, la rencontre se faisant dans les chapitres suivants, le temps pour le lecteur de s'attacher au personnage principal… Si vous désirez intégrer un personnage qui aura le rôle de rival(e), présentez-le plus tard dans le récit. Il ne faudrait pas qu'il prenne trop d'importance aux yeux du lecteur, qui risque de se détacher du héros à son profit.

 Écrivez, vous aussi, un incipit. Ne vous occupez pas du développement de l'histoire. Il s'agit seulement d'un exercice

pour vous entraîner à commencer un roman. Laissez-vous porter par votre imagination. Quelques lignes pour mettre le lecteur dans l'ambiance… et si l'exercice vous plaît, recommencez-le autant de fois que vous voulez.

Incipit et… excipit

Si l'incipit désigne le début du texte, l'excipit désigne les dernières lignes, les derniers paragraphes du roman. Ce sera une fin heureuse, vous avez fait renaître l'espoir de retrouver l'amour et fait comprendre aux lecteurs que vos personnages ne feront plus les mêmes erreurs que par le passé. Ils ont davantage confiance en eux, ils ont grandi grâce à l'histoire (et les péripéties) qu'ils viennent de traverser… grâce à vous.

Soignez bien la dernière page, et laissez à votre lecteur un souvenir rassurant et heureux.

5

Écrire une nouvelle

Qu'est-ce qu'une nouvelle ?

Pour vous entraîner à écrire, vous pouvez vous lancer dans l'écriture d'une nouvelle. Une nouvelle n'est pas un roman en miniature mais un court récit de fiction, avec un début, un développement et une chute. Elle ne propose pas une histoire dans sa totalité mais se concentre sur un événement. Une nouvelle contient peu de personnages, offre une unité de temps et de lieu, et peu de détails ou de descriptions. Cet exercice permet de se familiariser avec l'écriture et d'apprivoiser son style.

Si vous écrivez plusieurs nouvelles sentimentales, vous pouvez les regrouper dans un recueil car il s'agit du même thème (l'amour…) et les proposer à un éditeur. Ceux qui acceptent les nouvelles sentimentales sont rares, mais vous pouvez tenter votre chance en les proposant à un des éditeurs cités en fin d'ouvrage. Cela dépend bien sûr de la longueur de vos nouvelles, mais sachez qu'un recueil en contient au minimum une dizaine, le but étant de proposer aux lecteurs un livre du même format qu'un roman, c'est-à-dire d'atteindre au moins les deux cents pages. Dans *Sex and the City*, roman *chick lit* par excellence, l'auteur, Candace Bushnell, avait écrit un grand nombre de chroniques impitoyables et drôles sur la vie et les mœurs de jeunes femmes indépendantes et sexy à qui il ne manquait que l'indispensable : le partenaire idéal. Elle a fait un livre en réunissant ses chroniques.

Comme pour le roman, vous devez soigner votre incipit, donner l'envie au lecteur de continuer sa lecture. Dans une nouvelle, l'action est déjà commencée, vous racontez la scène alors que l'action va se terminer. La chute doit surprendre le lecteur, l'étonner, l'émouvoir, l'amuser. Elle peut être ouverte (au lecteur d'imaginer la suite) ou fermée (c'est *vraiment* la fin de l'histoire). Une nouvelle peut être courte, un feuillet, soit une page A4, parfois moins, ou couvrir une dizaine de feuillets, voire plus.

Écrire une nouvelle est une bonne école pour comprendre les mécanismes d'écriture et vous aidera à « saisir » les moments importants que vous mettrez en valeur. Le titre que vous choisirez ne doit pas dévoiler d'avance la fin de l'histoire, ni être incompréhensible, même après la lecture. Toutes les nouvelles portent un titre, à vous de trouver celui qui peut, au mieux, présenter votre nouvelle.

Dans une nouvelle sentimentale, vous pouvez choisir de raconter la rencontre, un moment de la vie des amoureux que vous avez choisi ou un épisode de la vie de l'héroïne, les choix d'écriture étant multiples. Écrivez sur ce que vous aimez, certains auteurs ont un réel talent d'écrire dans un registre particulier, et ne s'aventurent pas sur des chemins qu'ils ne maîtrisent pas. Donc, restez fidèle à votre nature, écrivez ce qui vous semble proche de votre sensibilité. En quelques lignes, en quelques pages, vous inventez un instantané, un moment dans la vie d'un personnage.

Quelques exemples de nouvelles

Je vous propose trois nouvelles de mon cru, la première, « Les Oiseaux de passage », comporte 3 500 signes (soit deux feuillets A4 environ) et utilise un point de vue à la première personne.

Les oiseaux de passage

« Le bistrot fait angle avec l'avenue d'Italie. C'est tout près de chez moi. Je lui ai donné rendez-vous dans ce lieu que j'adore. La terrasse est au soleil, je me suis installée à l'écart, je guette son arrivée. Le serveur me connaît un peu, me salue, me demande ce que je veux. Je lui dis que j'attends quelqu'un. Il repart vers une autre table.

Je suis arrivée en avance, comme d'habitude. Je suis incapable d'être en retard quelque part. On dirait que je le fais exprès. Mais non, c'est plus fort que moi. Alors, j'attends. Impatiente.

Je l'attends mais je ne sais pas à quoi il ressemble. Je connais juste son prénom, Pierre. C'est joli, mais je n'en sais pas plus. Je consulte ma montre toutes les trente secondes. Plus que deux ou trois minutes avant notre rendez-vous. Je regarde les gens qui passent dans la rue. L'un d'eux sera Pierre. C'est le collègue de ma meilleure amie, Sarah. Je ne l'ai jamais vu, elle lui a beaucoup parlé de moi. Mais je ne sais pas si le déclic, cette alchimie si particulière du désir, va se produire. Le premier sourire. Gêné. Ravi. C'est la surprise totale, on a tous les deux beaucoup fantasmé avant. C'est normal, c'est humain. Comment peut-il être ? Lui, pense : va-t-elle me plaire ?

C'est toujours moi qui dis non. Aucun homme ne m'a jamais dit non. Ce détail devrait me flatter et il me désole. Je n'ai pas encore rencontré celui qui me fera oublier les rendez-vous des copains ou des frères de mes amies. J'ai envie de rester longtemps avec un homme. Je suis lasse de tous ces oiseaux de passage. Une nuit ou toute la vie. Cette fois-ci, j'espère que c'est l'homme d'une vie. Le rêve en 10 chiffres. Son numéro de téléphone. Son portable. J'ai appelé. Je l'attends.

Il est seize heures précises. L'heure du rendez-vous. Mon cœur bat à toute vitesse. Il est difficile ce premier rendez-vous. Nous ne savons pas, l'un comme l'autre, si nous allons perdre une heure ou si ce sera la plus belle heure de notre vie. Je ne suis ni facile ni désespérée. Je suis juste une solitaire lucide. Mes amis sont mariés, mes collègues aussi. Je ne suis pas attirée par les hommes mariés et les hommes seuls semblent hanter les répertoires des amies fraîchement mariées. Alors, Sarah a pensé à moi, son amie d'enfance. Pierre est célibataire, il a trente-trois ans. Il a mon âge, ça tombe bien. Il aime la musique classique, les week-ends à Londres et les réunions de famille. Pour l'instant tout va bien. Nous sommes sur la même longueur d'onde. Manque le premier contact, où tout se déclare. Ces trois secondes cruciales où je sais si je vais continuer ou pas à supplier mes amies de penser à la dernière célibataire de la bande. Je le saurai au premier sourire, au premier regard. Avant qu'il ne s'assoie pour me demander si je veux boire un café.

Je trouverai une excuse quelconque pour ne pas le revoir, sinon ça se fera tout seul, on repartira bras dessus, bras dessous, nous nous quitterons pour mieux nous revoir le lendemain. Puis de plus en plus souvent. Je rêve de ces futurs moments-là. Ce sera peut-être Pierre. Peut-être.

– Claire ?

Nos yeux se croisent pour ne plus se lâcher. Tout défile dans ma tête, je pense qu'il est beau comme ce n'est pas permis, qu'il est célibataire et moi aussi. Je pense aussi que j'ai bien fait de l'appeler, après maintes supplications de Sarah, tout de même.

– Je suis heureux de faire votre connaissance.

Je lui souris, le regarde dans les yeux. Il a déjà tout compris.

– Je vous offre un café ?

Avec plaisir, j'ai tout mon temps. »

La deuxième, « L'Abandon », comporte 1 400 signes (soit un feuillet A4) et j'ai choisi un point de vue à la troisième personne.

L'Abandon

« Elle va se laisser aller, comme quand on dort. Elle se laisse aller. Voilà, comme ça, sans brusquer, doucement. Elle laisse son corps flotter sur son lit défait. La chambre est dans le noir le plus complet. Elle ne pense pas que ce sera plus facile, mais au moins, ils seront à égalité. Nul pour voir l'autre. Ils vont s'apprendre. Le contact sera un corps sur son corps, une odeur sur son odeur, le goût de la peau et le son de leurs voix. C'est la première fois qu'elle aime cet homme-là. Elle sait aussi que ce ne sera pas la dernière. Elle le sait, c'est tout. Comme une évidence. Elle se dit qu'elle va aimer l'habitude de le retrouver nuit après nuit. Elle pense à plein d'autres choses auxquelles elle ne veut pas penser. Des pensées parasites. Elle ne peut s'en empêcher. C'est sa vie d'avant qui défile, comme quand on va mourir. Tous ces amours défunts qui resurgissent de son passé. Ils veulent peut-être se venger d'elle. Non, ils disparaissent au fur et à mesure qu'elle s'abandonne. Reste le noir de la chambre et ce corps inconnu qu'elle va aimer pour la première fois.

Elle pense qu'il y a longtemps qu'elle n'a pas fait l'amour, que c'est un moment merveilleux. Appréciable. Elle remercie le ciel et le monde entier. Elle est heureuse. Elle aime remercier quand elle est heureuse. Elle est amoureuse. Elle enlace son compagnon. Dans la chambre obscure, il n'a pas remarqué qu'elle souriait. »

Vous pouvez choisir d'écrire une nouvelle plus *chick lit*. « Cougar blues » comporte 2 400 signes (soit deux feuillets A4) et utilise un point de vue à la première personne.

Cougar blues

« La matinée est bien entamée et je poireaute depuis cinq bonnes minutes sur le quai du tram. Je scrute l'arrivée de mon seul moyen de transport pour rentrer chez moi. J'aurais dû mettre mes affreux boots, je n'aurais pas senti mes orteils se congeler. Le tram arrive dans huit minutes, c'est précis. Je consulte ma montre. 480 secondes. J'ai trop froid pour faire le décompte.

À onze heures, je serai chez moi, je me préparerai un bon café. Mon esprit divague, je regarde les rares personnes qui attendent sur le même quai. Mon regard s'attarde sur le jeune homme à ma gauche, près du banc squatté par un couple de retraités. Il garde les mains enfoncées dans les poches de son blouson en toile et tape régulièrement ses vieux baskets contre le sol.

Son regard croise le mien. S'y attarde. Il a un beau regard clair. Je préfère porter mon attention sur la poubelle. C'est ridicule, je réagis comme une gamine prise en faute.

Le séduisant jeune homme patiente sur le même quai. Juste pour le plaisir, juste pour me rassurer, je tourne la tête vers lui, esquisse un sourire. Après tout, c'est une séduction sans conséquence. Il doit faire un malheur auprès des filles de son âge, celui-là. J'ai un peu honte de la jouer séductrice mais recommence mon manège. Il répond à mon sourire. Banco ! C'est si facile avec ces gamins à la fac qui la jouent cool. Bon, j'arrête, il va croire que je veux aller plus loin. Je suis sûre qu'il a l'âge de mon fils, me souffle ma petite voix d'ange. Je suis encore pas mal à mon âge, la Lily de quarante ans, je séduis encore, la preuve !

Je le regarde encore une fois, ça ne fait pas de mal, il est beau comme ce n'est pas permis, et il me fait un sourire qui me fait fondre. Son épaule se décolle du pilier où il prenait appui. Il s'approche de moi, je fais mine de ne me rendre compte de rien mais mon cœur s'emballe. Pauvre fille. Je rêve ? Non. Il vient vers moi. Ma petite voix de diablesse me dit que j'aurais tort de me priver d'un beau garçon esseulé.

– Bonjour.

Sa voix grave et chaude me réchauffe tout d'un coup.

– Bonjour, je lui réponds.

Ne t'emballe pas, ma fille.

– Je suis Grégory

– Bonjour, Grégory.

J'adore ce prénom tout doux qui lui va à ravir. Je sens que je vais souvent le prononcer.

– Grégory Lemercier. Je vous ai reconnue, vous êtes la mère de Benjamin ?

– …

– Ça fait un bail. J'étais avec lui en quatrième B, au collège Saint-Ex, vous vous souvenez ? »

Conseils pour écrire une nouvelle

Écrire une nouvelle est un exercice qui diffère de l'écriture du roman et s'aborde donc d'une façon particulière. Je vous propose cinq conseils pour récapituler ce chapitre, à mettre en pratique pour donner vie à vos nouvelles :

• la nouvelle commence au cœur de l'intrigue, ou au moment où elle se termine. Ne commencez pas par une description trop longue d'un lieu ou d'un personnage, sauf si cela sert l'histoire que vous racontez ;

• le nombre de personnages est restreint. Un, voire deux personnages, vous n'avez pas le temps de vous attarder sur toutes leurs pensées ou de les décrire en détail ;

• le rythme d'une nouvelle est rapide, le nombre de mots parfois limité. Tentez de dire en un minimum de mots le maximum de choses. Soyez concis, allez droit au but ;

• même si la dernière phrase n'est pas la fin de l'histoire, la chute doit être marquante, surprenante. Vous pouvez choisir une fin ouverte (au lecteur de s'imaginer la suite, la fin de l'histoire) ou fermée (la chute clôt l'histoire que vous avez racontée) ;

• ciselez votre nouvelle. Enlevez le surplus, ce qui ne sert pas votre histoire. Écrire est un travail d'artisan. Relisez puis coupez, structurez parfaitement votre nouvelle pour qu'elle fonctionne, c'est-à-dire qu'elle laisse un souvenir au lecteur.

À votre tour maintenant. Écrivez une nouvelle de la longueur de votre choix. Soignez votre incipit et votre chute. L'incipit lance l'histoire, la chute offre au lecteur le plaisir de bien terminer une nouvelle, émouvante, tendre, drôle ou surprenante. Puis trouvez un titre à votre nouvelle. Bonne séance d'écriture !

Je vous propose cet autre exercice : inventez une nouvelle en vous aidant d'une phrase d'accroche ou d'un paragraphe d'un livre que vous choisirez. C'est un bon « booster » d'imagination. Voici deux exemples, écrivez une nouvelle en partant de ces quelques phrases :

Exercice 1 :

« – Philip posa sa main sur celle de Susan, la retourna et en caressa la paume.

– Tu vas tellement me manquer, Susan.

– Toi aussi… drôlement, tu sais !

– Je suis fier de toi, même si je te déteste de me planter ici comme ça. »

(Marc Lévy, *Où es-tu*, Robert Laffont, 2001)

Exercice 2 :

« Aussitôt rentrée chez moi, je m'installai devant mon ordinateur, et lus les nombreux emails arrivés dans la journée. Un nouveau message de mon internaute récalcitrant était arrivé et me répétait qu'il n'espérait rien d'une correspondance avec une inconnue. Son ton sec me poussa à lui répondre à nouveau. Jusqu'où irait sa patience à supporter mes messages ? »

(Brigitte Hache, *Prédiction amoureuse*)

La construction de l'histoire

6

Élaborer un plan
et se documenter

Construire un plan : la charpente du roman

Il est difficile de se lancer dans l'écriture d'un roman sans une préparation, un plan détaillé découpé par chapitres. Un plan permet de savoir où vous en êtes et de vérifier l'ordre et la cohérence au fur et à mesure de l'avancée du texte. Votre plan se modifiera certainement en cours d'écriture, des éléments seront rajoutés ou retirés, mais toujours dans le cadre de ce que vous avez prévu.

Commencer sans un plan, plus ou moins détaillé, c'est comme partir pour une destination plus ou moins précise, en ne sachant pas quel chemin prendre… Vous n'êtes pas prêt d'y arriver.

Votre plan sera divisé en chapitres équilibrés, qui, une fois rédigés, proposeront sensiblement le même nombre de pages. Pour le moment, contentez-vous d'indiquer pour chaque découpage les personnages, les lieux, l'action. Ne donnez pas trop d'indications mais laissez s'installer votre intrigue, présentez les personnages, situez le lieu de votre histoire. Distillez les renseignements que vous voulez faire passer dans votre roman, afin de ne pas dévoiler la fin de l'intrigue trop rapidement. Le premier chapitre permettra à vos lecteurs de prendre leurs marques, de faire connaissance avec votre personnage principal, le début de l'intrigue ou des questions qui se posent en lien avec elle. Votre plan doit se dérouler avec un rythme régulier et agréable (ne pas « charger » certains chapitres de trop d'éléments ou de personnages).

Comme vous avez déjà lu et « étudié » des romans sentimentaux qui vous plaisent, vous avez pu noter la façon dont les auteurs ont préparé l'avancée de leur intrigue et les événements qui se déroulent dans chaque chapitre. Lire est une bonne préparation à votre travail d'auteur.

À ce stade, vous pouvez déjà vous projeter dans l'étape suivante – l'écriture – et choisir le point de vue que vous allez utiliser. Un plan permet de structurer sa pensée, ses idées. Pour vous aider dans l'élaboration de votre plan, posez-vous régulièrement les questions suivantes : qu'est-ce que je souhaite faire comprendre à mes lecteurs ? quelles actions vont animer mes personnages ? quelles difficultés vont se produire et à quels moments ? Rappelez-vous que les personnages doivent surmonter des difficultés pour atteindre leur but et que le plan vous aide à mettre en scène les moments clés de votre intrigue. Vous devez accrocher votre lecteur dès le début du premier chapitre, donc soignez bien ce moment crucial. En un mot, pour chaque chapitre : que se passe-t-il ? Votre plan doit vous rassurer sur la bonne mise en place de votre intrigue et de vos personnages.

Dans votre plan, ne rédigez pas. Prenez des notes, inscrivez des mots qui vous rappelleront certains détails pour la suite, décrivez l'ambiance de chacun des chapitres (il y en aura de plus légers ou de plus émouvants que d'autres). Tenez-vous à votre plan, car souvent les pensées sont vagabondes et vous aurez tant d'idées en tête qu'il sera votre meilleur allié pour ne pas vous laisser distraire et vous « éparpiller » dans tous les sens.

Imaginez les scènes comme « au cinéma », cela vous paraîtra plus clair, et vous aidera à rédiger votre plan. Si vous décidez de vous passer de cette étape, vous risquerez de vous retrouver perdu en milieu de course, de faire des erreurs tant au niveau des personnages que de leurs actions. Et surtout, de vous décourager avant même d'avoir achevé votre projet.

Le plan détaillé par chapitre montre l'objectif du personnage principal mis à mal, les obstacles ou la difficulté majeure étant rapidement abordés dans le roman. Indiquez le lieu de chaque scène, les personnages (pour ne pas en perdre un en route…). Voyez si l'ordre de vos scènes est pertinent ou s'il vous faut changer l'ordre des chapitres. Le lecteur doit comprendre rapidement quel est l'enjeu pour le personnage principal et également connaître ses sensations. Vous allez créer une empathie entre le lecteur et l'héroïne ou le héros, qui va s'attacher ou non à votre univers romanesque. Ne perdez jamais de vue que dans un roman sentimental, ce sont les sentiments qui priment. Donc, dans le plan, « déroulez » l'intrigue, notez les changements d'humeur, les chocs ou le coup de foudre qui modifiera la personnalité de vos personnages, ne serait-ce que provisoirement.

> *« Le plus important dans un roman sentimental,*
> *ce sont les sentiments. »*
>
> Nora Roberts

Le plan fera une dizaine de pages, peut-être moins, mais reprendra les faits principaux et le comportement des personnages. Vous vous ferez une idée plus constructive de ce que sera votre roman une fois achevé. Relisez le plan, voyez si un événement ou une situation n'est pas à sa place, rajoutez des éléments constitutifs de l'intrigue. N'hésitez pas à rester plusieurs semaines sur cette étape, vous gagnerez du temps au moment de la rédaction.

Combien de pages dois-je écrire ?

J'entends déjà la question : « C'est bien beau, un plan, mais à la fin, mon roman doit faire combien de pages ? »

Dans l'édition, cela fonctionne en nombre de signes ou « caractères », espaces compris. Pour connaître le nombre de signes d'un texte ou d'un feuillet, ouvrez le document sur Word, allez dans l'onglet « Outils » ou « Révision » et choisissez « Statistiques ».

Dans l'édition de romans sentimentaux, la moyenne est de 170 000 à 250 000 signes environ pour un roman d'environ 200 à 250 pages. Il s'agit d'une moyenne car, bien sûr, il est possible de faire davantage, chaque éditeur a son format préféré. Dans tous les cas, ne vous braquez pas sur le nombre de signes ou de pages, écrivez comme vous le sentez, comme vous avez envie de le faire. Pour être publié, un roman doit faire un nombre minimum de signes (sinon ça s'appelle une nouvelle !), rarement un nombre maximum. Donc, laissez votre imagination opérer, ne vous bridez pas !

Le rôle des chapitres

Le rôle des chapitres est de donner un rythme de lecture, de découper vos scènes de façon à « servir » l'intrigue, à accompagner les personnages. La lecture de votre roman sera agréable et avancera d'étape en étape qui amèneront le lecteur jusqu'à la fin (heureuse) de l'histoire.

Sachez que l'arrivée d'un chapitre indique un changement, donc si vous changez de lieu de scène, de moment dans l'intrigue, ou si vous voulez renforcer le suspense ou une tension entre deux personnages, faites une coupure avec un nouveau chapitre. Votre lecteur aura envie de continuer pour savoir ce qui se passe quelques pages plus loin. Ce qui est important, c'est d'intéresser votre lecteur : pour lui donner envie de continuer sa lecture, vous pouvez, à la fin de chaque chapitre, le captiver et relancer son intérêt. Profitez de ce moment pour le lancer sur une nouvelle piste, initier une action, un suspense, créer une frayeur ou mettre un obstacle qui arrive à la dernière ligne du chapitre. Dans d'autres chapitres, cependant, vous pouvez « reposer » le lecteur en lui proposant un répit mérité si les actions se sont enchaînées.

Il peut être judicieux de donner un titre à chaque chapitre, de placer une citation (Guillaume Musso offre à ses lecteurs de nombreuses citations…) afin de guider ou de préparer le lecteur à son contenu.

Soignez le début du chapitre, notamment en ne commençant pas tous vos chapitres de la même façon, variez l'amorce : commencez par un dialogue, une question, une lettre… Vérifiez que vous rentrez rapidement dans l'histoire, sans description inutile. Accrocher l'attention du lecteur doit être votre principale préoccupation.

Rappel

Restez logique dans la séparation des chapitres, ne mélangez pas les actions, mais intégrez-les dans des chapitres différents. La fin du chapitre doit apporter une révélation ou créer de l'attente (le lecteur sera intéressé pour lire la suite du roman).

Vos recherches, votre documentation

Se documenter s'avère parfois nécessaire avant de commencer à écrire. Il vaut mieux écrire sur ce que vous connaissez, mais il arrive que certains éléments de l'histoire demandent une documentation plus poussée. L'auteur a envie d'écrire sur ce qu'il aime, sur ce qui l'intéresse, sans que ce soit pour autant une passion. Si vous avez envie que l'intrigue se déroule entre Paris et New York, plus précisément à Manhattan, autant connaître la ville. Sachez que vos futurs lecteurs connaissent peut-être mieux la ville, ou un quartier, que vous, et auront tôt fait de démasquer celui ou celle qui s'est largement inspiré(e) de Wikipédia ou du dictionnaire. Si votre romance se déroule au Moyen Âge, connaître l'histoire n'est pas inutile pour éviter des anachronismes. Vous devez être irréprochable sur le contenu de ce que vous proposez, que ce soit l'univers des courses de chevaux, ou celui de la bijouterie de luxe. Rien ne vous empêche de multiplier les sources de documentation ou d'interroger des personnes spécialistes du domaine que vous avez décidé d'aborder.

Faites des fiches préparatoires par sujet choisi. Comme pour un travail de construction, lorsque vous aurez tous les éléments en main, vous saurez lequel utiliser en premier, et lesquels ne vous seront pas nécessaires pour bâtir votre histoire. Ne notez pas seulement ce dont vous avez besoin pour votre intrigue, mais connaissez le sujet ou le lieu complètement, cela donnera de la profondeur et, grâce à un simple détail, le lecteur saura que vous ne le menez pas en bateau !

Vous devez vous sentir totalement à l'aise avec un sujet pour en parler librement et écrire plus facilement, c'est pour cela que le premier conseil à donner, c'est de commencer à écrire sur ce que l'on connaît le mieux.

Souvent, les romans sentimentaux, notamment la *chick lit*, proposent des décors originaux, peu connus : l'univers de la haute couture, le service de presse ou la rédaction d'un magazine féminin, quand ce n'est pas la 5ᵉ Avenue ou les palaces du monde entier. Cependant, et cela fait le succès de nombreux auteurs, des choses extraordinaires autant que romanesques se passent dans le monde de tous les jours, avec des personnages qui ne sont pas forcément attachés de presse, mannequins haute couture ou héritières d'un milliardaire.

Lisez, lisez beaucoup de livres du genre que vous désirez écrire, vous y trouverez la façon dont l'auteur a présenté le milieu ou les caractéristiques des personnages souvent loin de son monde… En lisant, en se documentant, vous pourrez atteindre le niveau d'authenticité qui permettra aux lecteurs de s'approprier votre histoire. Lorsque l'auteur crée une situation, même si le lecteur ne la connaît pas, il sait très bien juger de sa véracité. Trop d'invraisemblances laisseront le lecteur de marbre et votre réputation d'auteur bien écorchée.

7

Pleins feux
sur les personnages

Le choix des prénoms et des noms

Le choix d'une identité pour vos personnages n'est pas anodin, vous allez donner une première impression au lecteur. Une identité humanise votre personnage, le rend réel aux yeux du lecteur. Choisissez une identité qui paraisse possible dans la vraie vie.

Tout d'abord le choix du prénom. Quoi qu'on en dise, certains prénoms sont plus romantiques, ou plus à la mode que d'autres. À moins que vous essayiez de les remettre au goût du jour, pourquoi pas. Attention donc au choix des prénoms, un prénom reflète la personnalité, l'âge parfois. Par exemple, mon (vrai) prénom, Brigitte, que j'aime beaucoup, est pourtant très connoté années soixante, pic de popularité pour ce prénom. Je suis née en 1961, et même si mes parents n'ont pas pensé à l'actrice Brigitte Bardot, au sommet de sa gloire à cette époque, pour choisir mon prénom, mais à une tante paternelle, le prénom Brigitte n'est plus guère donné aux bébés depuis quelques décennies ! Certains prénoms sont donc connotés « génération parents », voire grands-parents.

Votre héroïne, si elle vit à l'époque actuelle, portera un prénom plus en adéquation avec son temps. Vous n'êtes pas obligé de choisir un prénom anglo-saxon (Jennifer, Beverly, Vanessa, Allison…), il doit rester cohérent avec votre roman. Par exemple, si votre héros est italien, donnez-lui un prénom en cohérence avec son origine. De quel pays est originaire votre héroïne, votre héros ? À quelle époque se situe votre roman (période historique précise, époque actuelle…) ? Où se situe votre histoire ? Si vous aimez les prénoms originaux, soyez attentifs à ce que les lecteurs sachent qu'il s'agit d'une personne (et pas du Yorkshire) ; certains prénoms sont charmants, mais ne sont pas faciles à porter, surtout si le lecteur n'arrive pas à savoir si c'est un prénom féminin ou masculin. Actuellement, toute sorte de prénoms sont donnés aux nouveau-nés, mais n'usez pas d'une originalité qui risquerait de desservir votre texte.

Ne portez pas vos choix sur des prénoms imprononçables ou trop longs, ou donnez à votre personnage un surnom, pour que le lecteur n'ait pas à retenir et surtout à lire toutes les cinq lignes un prénom trop compliqué. Un prénom autant masculin que féminin risquerait de perturber votre récit et ce choix est à proscrire. L'identité de vos personnages a une influence sur celui qui le porte. Le lecteur se fera une image mentale du personnage, avec son prénom, comme vous le faites parfois dans vos relations avec les autres. Des prénoms « sonnent » plus romantique que d'autres. L'identité de votre personnage évoque aussi ses origines. Peter et Mary sont plus appropriés que Vincent et Caroline si vous décidez que ceux-ci sont anglais ou américains. Tous les prénoms sont possibles, à condition qu'ils soient crédibles. À vous de tester les différentes personnalités que vous mettez en scène dans votre histoire.

Ne choisissez pas non plus des prénoms trop ressemblants, le lecteur risque de ne plus rien comprendre. Par exemple, Jules et Julie pour le couple amoureux, Julien leur meilleur ami et, Julia, la confidente de l'héroïne. N'utilisez pas non plus la même initiale pour les différents prénoms et variez le nombre de syllabes (des prénoms courts et d'autres plus longs). Toujours dans un souci de clarté, afin de ne pas mélanger les personnages.

La cohérence doit être recherchée, même en ce qui concerne le nom de vos personnages. Le nom de famille ne sera pas inventé, il doit exister réellement. L'invention peut être maladroite. Il existe un si grand nombre de noms possibles (faites des recherches sur Internet…) que les possibilités sont sans fin.

Vérifiez, en prononçant à voix haute, les identités de vos personnages, si la réunion du prénom et du nom est agréable à entendre, si la sonorité n'est pas trop ressemblante. Appropriez-vous vos personnages en développant leur personnalité, en décrivant leur physique (voir page suivante). Vous devez tout connaître d'eux, le but étant de les rendre les plus « réels » possible.

Faites des fiches pour chacun des personnages de votre roman, relisez-les durant quelques jours ; alors, adoptés ? Si vous ne trouvez pas encore leurs identités, aidez-vous des descriptions physiques comme des différentes facettes de vos personnages, elles peuvent être une piste.

Amusez-vous à inventer des identités pour des personnages que vous utiliserez (ou pas) dans votre roman, ou dans une prochaine histoire. Voyez comme certaines « sonnent » bien, sont agréables à lire, à entendre, le choix définitif de l'identité de vos personnages se fera facilement et naturellement. Vous avez peut-être déjà des prénoms fétiches, trouvez les noms, même si l'identité complète de votre personnage n'est pas indispensable dans votre roman et ne sera peut-être jamais dévoilée aux lecteurs.

Description de vos personnages

L'histoire repose sur des personnages qui vont porter l'intrigue durant deux ou trois cents pages, vous devez donc apporter un soin particulier à leur personnalité comme à leur physique. Ceux-ci doivent frapper l'imagination du lecteur, lui paraître réels. Ce sont les personnages qui vont le captiver, lui donner envie d'en savoir plus sur l'histoire, car c'est à travers les personnages qu'il va suivre les aventures des héros. Dans un roman sentimental, ces derniers sont même plus importants que l'intrigue. Vous devez donc soigner chaque détail et faire des fiches pour vous « accaparer » les personnages, jusqu'à ce qu'ils vous semblent familiers ; ils vont faire partie de votre vie durant plusieurs mois. S'ils sonnent « creux », si leur caractère ou leurs actes sont incohérents, le lecteur aura beau tenter de vouloir continuer sa lecture, il décrochera vite.

Une façon de captiver le lecteur est de donner de la profondeur aux personnages. Une description soignée lui permet alors de s'imaginer le personnage en question, de lui donner corps. Adaptez la personnalité et le physique de vos personnages selon le rôle que vous leur donnez, pour une danseuse étoile ou une professeur de bodybuilding, la silhouette sera sensiblement différente…

Le lecteur ne confond pas la réalité et la fiction, mais il doit se faire une idée précise du personnage : « J'aime cette héroïne, elle est courageuse, sympathique, quant à ce personnage-là, il a une personnalité affirmée et un charme fou. » Il doit parler d'eux comme si les personnages existaient dans la vraie vie. Rappelez-vous que les lecteurs doivent s'identifier à un des deux personnages principaux, alors autant soigner leur portrait… Une bonne description donne au lecteur matière à représentation.

Description physique

Avant de vous attaquer aux personnages secondaires (généralement ils sont peu nombreux dans un roman sentimental), vous allez décrire très précisément le physique des deux personnages principaux. Les fiches, que vous allez compléter au fur et à mesure, comporteront le maximum d'informations sur chacun d'eux. Voici quelques questions à vous poser pour vous aider à compléter ces informations.

Votre héroïne

- Quel âge a-t-elle ou dans quelle tranche d'âge se situe-t-elle ?
- Est-elle jolie, prend-elle soin d'elle, ou son physique l'insupporte-t-elle ?
- Comment sont ses yeux : en amande, ronds, grands, petits, rieurs, et leur couleur : bleus, gris, verts, marrons clairs, bruns ?
- Ses cheveux sont-ils fins, bouclés, épais, frisés, raides, mal coiffés, soyeux, brillants ?

- Et sa couleur de cheveux : brun, noir, châtain, blond vénitien, roux, blond… ?

- Sa bouche : rieuse, expressive, pincée, gourmande, grande, fine, sensuelle… ?

- Comment est son visage : rond, doux, aux traits fins, avec des taches de rousseur… Est-il aussi souriant, mélancolique, expressif, intelligent… ?

- Son teint : clair, pâle, de porcelaine, rose, hâlé, bronzé, fatigué… ?

- Quelle est sa taille, son allure ? Est-elle élancée ? élégante ? sportive ? classique ?

- A-t-elle des signes distinctifs : cicatrices, tatouages, piercing ?

- Comment aime-t-elle s'habiller ? A-t-elle une couleur fétiche pour se vêtir ?

- Comment est sa démarche : assurée, décidée, rapide, hésitante… ?

- A-t-elle un porte-bonheur qui la suit partout ?

Votre héros

- Quel âge a-t-il ou dans quelle tranche d'âge se situe-t-il ?

- A-t-il un physique agréable ou quelconque ? du charme ? S'en préoccupe-t-il ?

- Quelle est la couleur de ses yeux : bleus (acier, azur…), verts, bruns, et le regard ténébreux, indéchiffrable, sombre, clair, noir… ?

- Ses cheveux : ras, épais, fins, bouclés, frisés, épais, en bataille, en brosse, brillants…

- A-t-il une barbe de trois jours ou est-il toujours bien rasé ?

- Son visage : mélancolique, mine triste, enjouée, ouvert, souriant, expressif, intelligent, renfrogné, sympathique, impassible… mais le visage est-il aussi rond, anguleux, émacié, doux, aux traits fins… ?

- Sa taille, son allure ? élégant, sportif, classique… ?
- Son teint : clair, bronzé, hâlé, fatigué, brouillé, pâle, miel… ?
- A-t-il des signes distinctifs : cicatrices, tatouages, piercings ?
- Comment aime-t-il s'habiller ?
- A-t-il un porte-bonheur qui le suit partout ?
- Quelle est sa démarche : assurée, décidée, rapide, alerte, hésitante… ?

Ces listes ne sont sûrement pas complètes, ajoutez-y les nouveaux éléments qui vous semblent judicieux de connaître. Amusez-vous à imaginer vos personnages : quels sont ceux qui vous semblent les plus proches de vous ou qui vous attirent davantage ? Faites également des essais de couples, eh oui, ces deux-là vont s'aimer, faites un joli couple assorti… à moins que vous ne réserviez des surprises à votre personnage principal qui peut s'éprendre d'une personne qui, *a priori*, ne l'aurait pas intéressé auparavant, c'est-à-dire avant les aventures que vous allez leur préparer et qui les rapprocheront, irrésistiblement.

Un personnage a donc un certain nombre de caractéristiques physiques importantes, qu'il vous faut connaître, car, même si vous ne vous servez pas de tous les éléments, vous connaîtrez assez bien leurs particularités physiques pour ne pas vous tromper sur un détail.

Exemples de descriptions physiques de personnages

 Marie de Saint-Géran, *Toietmoi.com*

« {…} Il est indiscutablement attirant avec son allure rock'n'roll : un jean étroit sur de longues jambes, une grosse ceinture qui serre sa taille mince, une chemise blanche ouverte sur une sorte de gri-gri qui pendouille et qui découvre un long cou mince, une veste qui descend à mi-cuisse. »

 Emma Darcy, *Un si séduisant milliardaire*

« On la remarquait forcément avec ses cheveux roux coupés très courts, reflets d'un caractère bien trempé, et sa silhouette menue et voluptueuse parée de vête-

ments outrageusement sexy pour une femme de son âge : décolletés plongeants, minijupes ultra-moulantes et talons vertigineux faisaient partie de sa panoplie quotidienne. »

 Lauren Weisberger, *Le Diable s'habille en Prada*

« Elle portait une jupe en cuir taille basse et mi-longue, et ses cheveux roux indisciplinés étaient enroulés haut sur son crâne en un chignon désordonné mais chic. »

 Françoise Bourdin, *Une nouvelle vie*

« À trente-six ans, les premières rides étaient là, et l'ovale du visage moins parfait. Néanmoins, l'image que lui renvoyait la glace avait de quoi la satisfaire. Une belle jeune femme aux traits délicats, avec des yeux bleu porcelaine, un nez fin, un petit menton volontaire que Gilles trouvait adorable. »

Dans cet exercice, vous allez créer un personnage. Choisissez l'héroïne ou le héros de votre histoire. Faites-en une description physique détaillée, en n'omettant aucun élément. Et répondez à cette question : quelle impression donne-t-il lorsqu'on fait sa connaissance ? Puis renouvelez l'exercice, entraînez-vous à créer des personnages !

Protection de la vie privée

On ne peut pas tout dire, ou plutôt écrire, dans un roman, qu'il soit publié en livre papier ou en numérique. La protection de la vie privée est également valable si vous imprimez le livre et ne l'offrez qu'à quelques personnes de votre entourage. L'article 9 du Code civil veille au respect de la vie privée, ainsi que la loi du 29 juillet 1881 qui réprime la diffamation et l'injure.

Gare à vous, si vous dressez le portrait peu flatteur d'un ex ou d'une personne proche qui risque de se reconnaître dans les lignes de votre roman car il peut vous traîner au tribunal. Pas de confidences sur la vie sulfureuse de votre collègue, de votre chef de service ou de votre beau-frère, qui risquerait de ne pas apprécier ! Même si la personne que vous voulez prendre comme « modèle » est décédée, ses héritiers ont droit aux mêmes recours si le portrait que vous en faites nuit à leur réputation ou à leur honneur. Soyez très attentif

75

à ne pas vous « laisser déborder » par des sentiments négatifs que vous donneriez à votre personnage, ou à l'envie de déballer des détails intimes (vie libertine par exemple) ou personnels (santé, patrimoine, politique…) et que vous risqueriez de regretter (du dépôt de plainte au retrait du livre des librairies).

Vous devez modifier les caractères, ainsi que la description physique de votre personnage pour qu'il reste fictif. Inspirez-vous de différentes personnes si vous le désirez, mais mélangez les caractères, le physique, la personnalité, le milieu social, les défauts et les qualités… et bien sûr, lorsque vous aurez à créer l'identité d'un personnage, ne lui donnez pas celle de votre voisin ou de votre collègue. N'oubliez pas que vous écrivez un roman de fiction.

D'ailleurs, peut-être avez-vous déjà lu cette précision lorsque vous avez ouvert un roman : « Toute ressemblance avec des personnes existantes ou ayant existé n'est que pure coïncidence » ?

La personnalité de vos héros

Parce que c'était lui, parce que c'était elle…

Certes. Vous savez maintenant que votre héroïne est une jeune femme brune, à la silhouette élancée et que votre héros est un homme blond aux yeux bleu acier, très bien… Le portrait de vos deux protagonistes est clair, vous avez posé clairement, sur une fiche ou un cahier, les premiers éléments qui permettent de le reconnaître. Il est temps maintenant de s'occuper de la profondeur de vos personnages. Vous allez décrire leur personnalité. Ils ont tous les deux des qualités, des défauts, des envies et des besoins. Leurs métiers, également, peuvent apporter des indications (s'il est pompier ou urgentiste, par exemple, vous mettrez en avant son dévouement, son courage, sa détermination ; si votre héroïne est professeur de danse, écrivez sa facilité de communiquer avec ses élèves, son envie de se surpasser ; ont-ils de bons revenus, cherchent-ils du travail, sont-ils héritiers, etc. ?) Autant d'informations qui vous permettront de définir au mieux votre personnage et le rendront plus réel pour vos lecteurs.

76

Quelle est la première impression lorsqu'on fait connaissance avec votre personnage ? D'accord, le lecteur connaît la couleur de ses yeux, mais a-t-il ou a-t-elle un regard hostile, hautain ou plutôt sympathique et chaleureux ?

Votre héroïne

* Est-elle fière, chaleureuse, drôle, sûre d'elle, souriante… ?
* Est-elle citadine ? Vit-elle à la campagne, au bord de la mer ? Où vit-elle ? dans une maison, un appartement… ?
* Quel but poursuit-elle dans la vie ?
* Son passé aide-t-il à la comprendre ?
* Quelles sont les relations qu'elle entretient avec sa famille, parents, frères et sœurs ?
* Qui est sa confidente ?
* Qu'aime-t-elle plus que tout ?
* Quelles sont ses qualités : fidèle en amitié, optimiste… ?
* A-t-elle un passé qu'elle a peur de voir resurgir ?
* A-t-elle un don : voyante, médium, immortelle… ?
* Est-elle une *fashion victim* ? Où travaille-t-elle ? Son métier influe-t-il sur sa personnalité ? Par exemple si elle est hôtesse de l'air, toujours entre deux vols, elle sera différente que si elle était dentiste dans un quartier cossu d'une grande ville…

J'ai forcément oublié des questions, elles sont nombreuses. Tentez de cerner votre héroïne, quitte à vous projeter en elle, ce sera plus facile pour la connaître. Lorsque vous aurez terminé sa fiche de personnalité, vous reviendrez sur certaines réponses que vous nuancerez. C'est un roman de fiction, les personnages sont donc inventés de toutes pièces, ne l'oubliez pas.

Votre héroïne se doit d'être sympathique, même si son caractère peut parfois faire des étincelles en se frottant à celui de son compagnon ou d'autres personnages. Quel est son objectif dans la vie ? Le lecteur doit être en accord avec elle, la comprendre, l'accompagner dans son objectif final. C'est une héroïne qui n'est ni faible ni sans défense, elle doit avoir la volonté de réussir à aller vers son but, ce qui ne l'empêche pas, à certains moments, d'avoir le moral en berne…

Votre héros

Il n'est en aucun cas dominateur ; il sera sécurisant et protecteur. Il a une droiture morale, il ne se laisse pas acheter. Il est généralement beau ou a un charme fou (tout au moins pour l'héroïne). Il est crédible aux yeux des lecteurs. Il est complexe, comme l'héroïne, mais il est aussi nuancé, ni toujours drôle ni toujours sérieux, intelligent bien sûr. C'est surtout un homme qui n'est jamais cruel, il ne fait pas souffrir par plaisir (un autre personnage secondaire peut tout à fait jouer ce rôle-là, l'ancien amant sans cœur, par exemple, mais pas le héros). Comme l'héroïne, il a un objectif dans la vie, et les lecteurs doivent se reconnaître ou tout au moins le comprendre et le soutenir.

Quel but poursuit-il ? Se marier à tout prix pour recevoir un héritage (et il va finalement tomber amoureux de la mariée), trouver l'inconnu qui terrorise son aimée (et recevoir comme récompense l'amour inconditionnel de celle qu'il a sauvée), retrouver son amie d'enfance qu'il n'a jamais cessé d'aimer (même s'il doit traverser la terre entière à reculons les yeux fermés)…

Un personnage n'est pas limité par un seul trait de caractère, il doit évoluer. Le héros ne sera pas bourru de la première à la dernière page. Et s'il est drôle, il ne plaisantera pas pendant deux cents pages (heureusement, ce serait lassant !).

Votre personnage masculin doit faire naître des sentiments, votre héroïne doit être séduite (et le contraire est aussi valable). Même si au début du roman, la tâche est ardue, répondez aux attentes des lectrices, vous les comblerez. Quant à vos lecteurs, qu'aimez-vous dans les hommes que vous admirez ?

- Où vit-il ? Quel métier exerce-t-il ? Comment sont ses collègues ?
- Qui sont ses amis ? Fait-il facilement confiance ?
- Cherche-t-il l'amour ou le fuit-il ?

- Son passé aide-t-il à le comprendre ?

- A-t-il été déçu par l'amour avant de rencontrer l'héroïne (ce qui expliquerait son côté vieux garçon ronchon) ?

- A-t-il peur de s'engager ? Est-il fuyant ? que cache cette peur ?

- A-t-il des manies : passer ses mains dans ses cheveux, triturer ses lunettes… ?

- Est-il bien dans sa peau, courageux, téméraire, charmeur, sûr de lui ? A-t-il le sens de la dérision ?

- Quels sont ses qualités et ses défauts : curieux, organisé fouillis, extraverti, timide, solitaire, optimiste, conciliant, rêveur, à l'écoute des autres, serviable, chaleureux, charismatique, calme… ?

Dans presque tous les cas (pour ne pas dire dans tous les cas), le héros a un métier qui lui procure de bons revenus (c'est rare qu'il soit au chômage ou, s'il l'est, il retrouve rapidement un emploi à sa hauteur…). Il n'est pas stupide ou, s'il fait une chose stupide, c'est parce que le charme de l'héroïne lui enlève tous ses moyens. Ne le ridiculisez qu'à bon escient… et cela peut être charmant. Respectez la cohérence de son caractère tout au long du texte. Il ne peut être courageux et se cacher dès qu'éclate un orage ; votre héroïne ne peut pas avoir un caractère affirmé et pleurer parce qu'elle a cassé le talon de sa chaussure !

Rendez vos personnages attachants, s'ils vous plaisent, ils plairont aussi. Donnez des détails : quelles sont leurs passions : les fleurs, les livres, les voyages… ?

Leur rencontre

La rencontre fondatrice ! L'élément majeur de l'histoire.

S'ils se connaissent déjà, sont-ils des amis d'enfance, des collègues, des associés… ? Comment se rencontrent-ils dans votre histoire : coup de foudre ou détestation immédiate puis amour progressif, au fil de l'intrigue ?

 Nicholas Sparks, *Les Pages de notre amour*

« Nous sommes tombés amoureux, malgré tout ce qui nous séparait. À partir de ce moment-là, il s'est créé quelque chose de rare et de magnifique. »

Une rencontre, c'est le moment décisif où tout se joue, le lecteur sait que ces deux-là sont faits pour s'aimer, c'est à l'auteur de préparer leur longue et durable union à venir. Votre lecteur doit ressentir les émotions de vos personnages. Puisez dans votre imagination, dans vos souvenirs, vos envies… Vous le savez fort bien, la rencontre est un moment que l'on n'oublie jamais. Récapitulons : les personnages principaux ont souvent des amis proches, une confidente ou un meilleur ami, ou des ex-compagnons, qui ont un rôle important dans l'histoire, car ils vont les aider, les soutenir dans les moments les plus difficiles et se réjouir avec eux de leur bonheur retrouvé. Faites-les dialoguer entre eux et avec votre héros ou votre héroïne, cela enrichira l'histoire.

N'oubliez pas que les personnages vont évoluer entre le début et la fin de l'intrigue, notez les changements qui ont modifié leur personnalité. Par exemple, le héros sera sensibilisé à la cause défendue par le personnage féminin, ou encore ce héros bourru fera à nouveau confiance à une femme. Son point de vue a changé, montrez ce changement.

Le but d'une bonne présentation de vos personnages est que le lecteur puisse en parler comme de personnes réelles, compatir à leur envie de réussir à se trouver, à s'aimer… Votre lecteur doit pouvoir dire, après avoir lu votre roman : « J'adore l'héroïne, elle est vraiment adorable. J'aime bien sa façon de réagir devant une situation difficile ! »

Vos personnages seront crédibles, même si le lecteur sait bien qu'ils n'existent que sur le papier. Laissez-les exister dans le réel, afin que le lecteur éprouve les mêmes sentiments et sensations qu'eux. Donc, restez sur les personnalités que vous connaissez et que vous maîtrisez sinon vous risquez de créer des personnages froids et sans consistance, et le lecteur va vite s'en rendre compte.

Cerner *tous* les personnages

Nous avons parlé de l'importance de connaître les personnages principaux, l'héroïne et son prince charmant. Mais les personnages qui vont tourner autour d'eux ont leur importance et vous devez les « connaître » aussi bien que les deux (futurs) amoureux. Donc de nouvelles fiches en perspective ! Posez-vous les questions nécessaires pour qu'ils soient aussi crédibles que vos héros, en insistant sur ce qui les lie entre eux (la naissance de leur amitié, les liens familiaux, les secrets…) tout comme leur apparence physique, leurs manies.

Voici quelles sont les personnes qui peupleront les pages de votre roman :

- l'indispensable : le méchant ou la peste absolue (ou les deux). Ce sont eux qui veulent empêcher le personnage principal d'atteindre son but. Par tous les moyens. Mais ils perdront leur pari à quelques pages de la fin, ouf !

- tout aussi important : l'allié ou l'ami. Il va aider le personnage principal à déjouer les pièges ou à atteindre son but. C'est un pote extra, une amie vieille fille, une petite sœur, la secrétaire du patron de l'héroïne, etc. ;

- facultatif, mais qui rend bien des services : un sage ou un conseiller. Il est plus âgé et a plus d'expérience que le personnage principal, il va donc l'aider, grâce à ses contacts, à ses relations, à ses conseils, à atteindre son but. Ce peut être un père, une grand-mère, un oncle, un patron, l'ancien associé de son père, une vieille voisine milliardaire…

Comme vous l'avez fait pour les descriptions physiques de vos personnages, travaillez maintenant sur leurs caractères, leurs personnalités. Insufflez-leur la vie, l'un après l'autre. Et il se peut qu'en terminant le premier, le deuxième se dessine plus rapidement… Quant aux personnages secondaires, lâchez-vous, s'ils sont aussi bien travaillés que vos personnages principaux, vous aurez tout à y gagner et l'histoire ne s'en portera que mieux.

8

Les décors,
les lieux d'action

Du rêve, de l'imagination…, mais dans quel décor ?

Les décors de votre histoire doivent être évocateurs, presque palpables. Ils doivent être décrits avec précision et rapidement pour que les lecteurs puissent imaginer la scène, l'environnement dans lequel les personnages vont se mouvoir (s'imaginer dans la chambre de l'héroïne, la maison du héros, etc.). Pour cela vous allez lister les lieux d'action. Le plan sera utile, puisque vous y avez inscrit le déroulement de l'histoire. Vous pouvez répondre à ces questions : où, quand, qui, comment ?

Documentez-vous précisément si vos scènes se passent dans un lieu que vous ne connaissez pas suffisamment, vos lecteurs ne seront pas dupes. N'écrivez pas directement les descriptions des guides de voyages ou des brochures sur Internet. Faites appel à vos souvenirs, à ceux de vos proches, décrivez en détail tel paysage, et écrivez sur des fiches tous les lieux que vous présenterez au fil des pages. Vous pouvez aussi lire les forums de voyages, ceux établis par les voyageurs eux-mêmes, il y a des détails, des anecdotes que vous ne trouverez nulle part ailleurs.

Par exemple, l'histoire se passe entre l'appartement de l'héroïne à Paris et un pays d'Amérique du Sud. Choisissez exactement la ville, le quartier, puis installez-vous dans ce quartier. Quelle est l'ambiance ? quels sont les parfums ? Plus, cherchez le nom d'une rue, rendez l'histoire « réelle » car si les détails foisonnent, le décor deviendra réel à son tour pour le lecteur. Faites des fiches sur tous les éléments pour vous en souvenir le moment voulu. Même si vous n'avez pas besoin de tous les détails.

Le décor dans lequel vous faites évoluer les personnages permet au lecteur d'entrer dans l'histoire. Faites des listes de lieux, de monuments, de maisons, de villes, de rues que vous connaissez et notez vos impressions, les caractéristiques, ce qu'ils représentent pour vous. Décrivez ce que vous allez montrer dans votre histoire. L'intrigue se passe au cours d'un safari au Kenya et vous n'y avez jamais mis les pieds ? Documentez-vous, regardez des vidéos, posez des questions à ceux qui ont déjà visité le pays. Quelle est la faune, la flore ? À quoi vous font penser ces étendues sauvages ?

Observez le monde qui vous entoure : débuter votre premier roman par une intrigue dont vous maîtrisez les lieux simplifiera les choses. Cherchez les détails intéressants, amusants. Ne croyez pas que ce qui ne sonne pas « exotique » va déplaire aux lecteurs. C'est votre intrigue, quel que soit l'endroit où elle se passera, qui plaira à votre lecteur. Une histoire d'amour extraordinaire dans la vie de tous les jours, que le lecteur peut presque toucher du doigt, voilà le défi de l'auteur.

Les lieux peuvent orienter une intrigue (voyage en Afrique, stage de plongée sous-marine en mer Rouge, voyage à bord du Transsibérien). Le lieu influencera les actes des personnages, ils s'attacheront à un endroit vu au hasard d'un parcours, ou partiront rejoindre leur aimé(e) au bout du monde. Même si le texte est dépaysant, espace ou temps, il doit rester dans un monde familier.

Chaque lieu, chaque endroit où vous situez les personnages ont des caractéristiques propres. La description d'un château en Écosse sera différente de celle d'un musée parisien. Entraînez les lecteurs dans des lieux que vous connaissez, même si votre documentation est celle que vous avez réalisée en bibliothèque ou sur Internet. Faites part de vos sensations, jouez avec les sens : quelle odeur a ce jardin ? quelles sont les couleurs du ciel, de la mer ? à quoi ressemble une chambre d'un hôtel de luxe ? Ou encore décrivez le premier contact avec un plat régional délicieux ou un peu trop original à votre goût. Qu'entendez-vous sur le chemin qui vous mène dans ce domaine à mille lieues de la première habitation ? des oiseaux ? une musique traditionnelle que l'on entend au loin ? Vos précisions apporteront de la vie, du relief et de la véracité au roman. Visualisez les lieux, concentrez-vous sur l'essentiel pour ne pas avoir à faire des descriptions inutiles.

Vos personnages sont-ils des habitués du lieu choisi ? Comment le découvrent-ils ? Si vous choisissez un lieu clos, n'oubliez pas que cela aura des répercussions sur les sensations des personnages, sur leur comportement.

Maintenant, à vous : visualisez les décors proposés ci-dessous en cherchant à faire découvrir au lecteur l'atmosphère ressentie par le personnage. C'est là que ça se passe ! Usez de vos cinq sens pour noter ses perceptions de son environnement.

Exercice 1 :

Paris sous la neige. Imaginez votre héroïne hâtant le pas pour rejoindre sa station de métro. Comment est le ciel ? menaçant ? bleu sans nuages ? Les personnes croisées dans la rue ? A-t-elle peur de glisser ? Comment sont les immeubles ? Y a-t-il des boutiques ?

Exercice 2 :

Votre héros a rendez-vous avec celle qu'il a aimée dans le café d'une grande gare parisienne. Elle se fait attendre, votre héros commande une boisson chaude.

Notez ses sensations dans ce lieu immense. La cherche-t-il à travers les inconnues qui se hâtent vers leur quai ? La chaise est-elle confortable ? Le café est-il trop chaud, se brûle-t-il ? Et les bruits, quels sont-ils ? Les voyageurs, les voix métalliques qui sortent des hauts parleurs…

9

L'intrigue

Qu'est-ce qu'une intrigue ?

À l'origine, le mot « intrigue » signifie « complication, embrouillement ». L'intrigue est le fil conducteur de l'histoire. C'est l'enchaînement des actions de votre roman, les difficultés qui vont faire naître des obstacles et retarderont le but final jusqu'au dénouement.

L'intrigue du roman sentimental doit créer différentes émotions tout au long de l'histoire. Le lecteur connaîtra l'attachement, l'attente, l'impatience, l'arrivée d'une solution et la résolution qui fait triompher la justice ; les amoureux ont su déjouer les pièges placés sur leur chemin et se sont retrouvés. Les méchants de l'histoire sont punis comme il se doit, alors que les tourtereaux savourent leur bonheur.

Dans le genre sentimental, l'intrigue principale est l'histoire d'amour, une histoire d'amour jalonnée d'embûches, jusqu'à la fin de l'histoire, morale et heureuse. Votre lecteur doit s'identifier aux personnages. Il doit être impatient de tourner les pages du livre pour savoir ce qui va arriver à l'héroïne ou au héros. Comme le veut le genre, il sait comment va se terminer l'aventure, mais il ne sait pas par quel moyen et c'est là où votre imagination et votre talent entrent en jeu. L'intrigue, même simple, doit être bien « huilée », d'une part, pour être crédible et, d'autre part, pour intéresser le lecteur.

Même si le personnage principal (généralement l'héroïne, mais ce n'est pas une obligation) a des difficultés pour parvenir au bonheur, votre écriture doit rester légère et prenante. Donc : des dialogues et des dialogues… Parsemez dans votre roman des scènes d'amour (pas besoin d'écrire d'une façon crue même si dans la *chick lit*, c'est fréquent…), mais vous pouvez également laisser votre lecteur imaginer en sublimant une scène d'amour (lisez Marc Lévy, qui s'est fait une spécialité d'écrire sans les décrire des scènes d'une folle sensualité…, comme quoi nul n'est obligé de croquer, dans le détail, une scène d'amour…).

Si l'intrigue semble simple – une histoire d'amour contrarié jusqu'à son heureux dénouement –, il vous faut choisir un univers qui vous soit propre en proposant des péripéties ou des embûches crédibles et un rythme soutenu. Vous intégrerez donc dans cette intrigue une dose de suspense, qu'il soit amené par une enquête policière parallèle, des vampires en colère, une guerre qui sépare les amoureux, un service des urgences débordé ou des quiproquos aussi amusants qu'inquiétants… La trame que vous choisirez pour l'intrigue doit vous convenir, vous devez être à l'aise.

Les romans sentimentaux jouent sur les émotions : sentiments, amour, jalousie, trahison, le bon, le méchant, la peste, le sympa, le fort, le faible, le courageux. Il se peut que les embûches ne soient pas provoquées par des personnes mais par des événements, comme une course contre la montre pour arriver avant le début d'un mariage, ou avant que l'on débranche l'héroïne plongée dans le coma (*Et si c'était vrai*, Marc Lévy)…

Comment détailler l'intrigue

Le début : c'est la situation de départ de votre personnage principal, vous amorcez l'intrigue.

Le déclencheur : ce qui va entraîner l'action de votre héros ou héroïne.

Les obstacles : tout ce qui va entraver le chemin du personnage principal, vers son but.

Le point culminant : votre personnage principal pris dans l'engrenage, ne peut plus faire marche arrière, il va se retrouver confronté à une action qui l'engagera totalement.

Dénouement : c'est la résolution de votre intrigue. Le personnage principal a gagné, il a trouvé des solutions pour trouver, retrouver ou reconquérir son âme sœur.

Fin : c'est la fin heureuse, les deux personnages principaux sont réunis. Généralement l'auteur insiste sur quelques pages pour prouver au lecteur que les deux tourtereaux sont réunis pour de bon.

Si le cœur vous en dit, relisez les romans sentimentaux que vous aimez (même si vous avez déjà fait cet exercice précédemment) et vous repérerez facilement toutes ces étapes. *Tous* les romans sentimentaux (comme le roman en général) obéissent à ce canevas. Concernant le développement de l'histoire autour de ces étapes, vous apporterez toutes les informations nécessaires à la compréhension de l'histoire : le caractère des personnages, les conflits intérieurs, leurs doutes, leurs envies… Grâce au plan détaillé, il est plus simple de dérouler les différentes étapes et l'action qui prend place dans chaque chapitre.

> *« Tout commence, le plus souvent, par une vague idée ou, dans mon cas, par un thème. Ici {Le Gardien de son cœur, Robert Laffont, NDA}, le thème de l'amour et du danger. Je voulais, en somme, imaginer une intrigue dans laquelle deux personnages crédibles tombent amoureux, mais ajouter des éléments de suspense qui les mettent en péril. {…} Le défi était de trouver un équilibre harmonieux entre ces deux éléments et de rythmer mon récit de sorte que le lecteur ne perde jamais de vue la réalité de mon projet — écrire un roman d'amour dans lequel deux êtres humains comme vous et moi croisent un individu dangereux sur leur chemin. »*
>
> Nicholas Sparks

Pour vous aider à bâtir une intrigue, vous pouvez d'abord vous concentrer sur les différentes étapes : que veulent vos personnages ? comment est la situation de départ ? que va-t-il se passer ? qui va vouloir les en empêcher ? comment vont-ils y arriver ? Analyser leurs désirs, leurs faiblesses, leur force pour obtenir, même en toute dernière extrémité, ce qu'ils désirent. Bien sûr, vous vous attacherez au personnage masculin ou féminin que vous avez décidé de mettre en lumière. N'inventez pas une scène, un chapitre qui ne servirait pas l'intrigue. Le déroulement de l'histoire, qui suit forcément ce canevas, doit être naturel et progressif.

Votre intrigue tient-elle la route ?

Comment est votre héros ou votre héroïne au début du roman ? C'est cette situation qui va évoluer jusqu'au dénouement. Votre lecteur comprend-il qu'il va se passer quelque chose qui va bouleverser l'ordre initial ?

Les obstacles, ou l'obstacle majeur, qui vont se mettre en travers de la route du personnage principal modifient-ils complètement son équilibre ? Celui-ci va-t-il utiliser toutes ses ressources pour sortir de ce qui a modifié son équilibre ? L'élément déclencheur est-il bien défini ?

Le personnage a-t-il trouvé un moyen de se sortir de cet événement qui le bouleverse ?

Le personnage finit-il par triompher et par obtenir ce qu'il désire (même au prix de nouveaux sacrifices…) ?

Sachez que le personnage principal doit avoir évolué entre le début et la fin de votre intrigue. Il ou elle voit la vie différemment, les événements ont changé sa façon d'appréhender son avenir, sa vie, ses désirs…

Des personnages secondaires se sont dévoilés au cours de l'intrigue, certains en positif (ce sont les amis fidèles ou la confidente de toujours) ou en négatif (rival(e), jaloux, concurrent…), et disparaissent (expliquer *comment* après le *pourquoi*) avant la fin, consacrée aux deux amoureux.

Écrivez votre intrigue en répondant à ces questions, vérifiez l'enchaînement des événements qui viendront contrarier le but du héros ou de l'héroïne.

Le début du roman

Il sert à présenter au lecteur les éléments nécessaires pour saisir le sujet de l'histoire. Il commence par un incipit (voir p. 48). Le lecteur fait la connaissance des personnages principaux, comprend les liens entre eux, le premier obstacle ou l'enjeu qui se dessine, il donne le ton de l'histoire. Il présente une situation stable qui va bientôt se dégrader, être bouleversée. Le début (disons le premier chapitre) va être rapidement remis en cause par un déclencheur.

Qu'est-ce qu'un déclencheur ?

Le déclencheur ou l'élément perturbateur est un événement qui vient bouleverser l'état dans lequel se trouve le personnage principal au début de l'histoire. Ce qui existe au début (même si la situation est désagréable) est bouleversé et provoque une réaction : soit un objectif à atteindre (par exemple trouver un mari avant sa meilleure amie), soit un nouveau personnage qui vient tout chambouler (un ex-ami qui débarque à l'improviste), une déception qui remet en cause des valeurs, un secret dont la révélation met en péril un ordre établi, un voyage lointain qui va provoquer une rencontre ou une séparation…

Le déclencheur va provoquer des péripéties, des quiproquos, que le héros va tenter d'éviter ou qu'il va chercher à élucider. Vous devez atteindre un point de tension ; ce qui commence de façon habituelle, sans stress, doit aller croissant jusqu'au dénouement de l'intrigue.

Le déclencheur arrive très vite dans le roman. L'action démarre avec lui. Imaginons que l'héroïne doive faire un voyage de travail loin de chez elle pour rejoindre son amoureux, le déclencheur sera l'accident qui provoquera une amnésie (temporaire…), et le lecteur devra attendre la réponse que vous apporterez : comment va-t-elle pouvoir à nouveau reconnaître son amoureux dans l'inconnu qui lui rend visite à l'hôpital tous les jours ? Avec le déclencheur, vous donnez le signe à votre lecteur que l'histoire est commencée et qu'elle ira *crescendo* jusqu'aux dernières pages.

Et le point culminant ?

Le point culminant est l'acmé de l'histoire ; une fois atteint ce point culminant, ce point de non-retour, le héros ne pourra plus revenir en arrière. Par exemple, le héros se fait passer pour quelqu'un d'autre (un milliardaire ou le fils d'une star…), le lecteur connaît le mensonge mais pas encore l'héroïne, qui va l'apprendre par hasard ou suite à la révélation d'une « peste » qui se fait passer pour sa meilleure amie. Le point culminant sera cette révélation, l'héroïne modifie son comportement, le héros ne peut plus reculer. La déception suivra ce point culminant mais le héros poursuivra sa quête jusqu'à son accomplissement, en revenant à des valeurs communes partagées avec sa bien-aimée. Lorsqu'il s'agit d'une amnésie, l'héroïne retrouve la mémoire mais se met en péril, elle fera appel à un allié (détective, policier, ami de toujours…) pour se sortir de ce mauvais pas.

La résolution de l'intrigue

L'intrigue que vous avez choisie est résolue, c'est-à-dire que les personnages sont réunis après avoir lutté d'une façon ou d'une autre (séparation volontaire ou non, rencontre mouvementée, amnésie, maladie, travail…) et que la vie reprend une nouvelle normalité (les personnages vont vivre ensemble et le lecteur comprend que, cette fois-ci, c'est définitif !).

Après la résolution de l'intrigue, le récit se termine et trouve un nouvel équilibre. Ce moment, qui s'appelle « situation finale », permet de retrouver une stabilité. Le lecteur sait que son héroïne est entre de bonnes mains ; le récit se termine comme il se doit pour ce genre : par un *happy end*.

Rappel

Si, généralement, l'histoire d'un roman de fiction se construit autour des actes des personnages, dans un roman sentimental, l'histoire est centrée autour de ce qu'ils ressentent.

Conflits et péripéties

Les péripéties que vous allez mettre sur le chemin de votre personnage principal vont le faire réagir, il va soit s'opposer, soit demander de l'aide et en recevoir, soit être aidé sans qu'il le sache par un « ange gardien » qui veille… Les obstacles sont des passages obligés, ils permettent de progresser dans l'histoire et tiennent en haleine le lecteur jusqu'au dénouement. Imaginez qu'il n'y ait aucune épreuve à traverser pour se rencontrer, s'aimer, il n'y aurait pas d'histoire ; les « gens heureux sont sans histoire » et ne font pas les bons romans. Vaincre l'adversité est un moteur qui a fait ses preuves. Il provoque l'admiration et un sentiment de justice qui conforte le lecteur. « L'amour triomphe de tout » est l'idée de base de ce genre de roman (avec une nuance ou un « plus » que vous avez probablement déjà cerné).

Quel obstacle choisir pour que le héros soit empêché d'atteindre son objectif : une guerre, une mission, un quiproquo, un malentendu qui provoque une fâcherie, un secret, une amnésie, un accident ? L'obstacle utilisé le plus fréquemment : une personne tente de se mettre sur leur chemin : un ancien mari, un ex-amant, une belle-mère machiavélique, ou des loups-garous, mais aussi l'amnésie, le coma, un accident…

Le personnage principal peut également être en conflit avec lui-même : une malédiction qui l'empêche d'aimer ou d'être aimé, ou de mauvaises expériences qui ne lui donnent pas envie de faire confiance à nouveau…

Rappel

Le personnage rencontre un obstacle mais il finit par vaincre. Il a la capacité de le faire, même s'il en doute (c'est d'ailleurs une bonne idée pour votre intrigue…). N'informez pas trop vite le lecteur, préparez des fausses pistes, une nouvelle péripétie qui mettra un peu de piquant, l'intrigue gagnera en intérêt.

Pistes d'écriture

Je vous propose, en guise d'exercice, quelques intrigues détaillées que vous pourrez développer ou dans lesquelles vous pourrez piocher des idées pour votre prochain roman, ou le suivant.

Intrigue 1

C'est l'intrigue type : tout les oppose, jusqu'au jour où… plus du tout ! Vous pouvez la mettre à toutes les sauces, du romantisme éche-velé à la *chick lit*, en passant par le roman historique, enfin… tout. Et intervertir les rôles si le cœur vous en dit.

Une femme, célibataire, décide de faire un *break* et part pour une année sabbatique en Afrique (ou un autre pays lointain à votre goût), elle est hébergée par des amis de ses parents. Ils ont un fils de son âge qui veille sur la propriété (une réserve, un parc naturel, un hôtel...). Déçu par son ancienne compagne, il ne fait plus confiance à aucune femme. Elle en fait les frais. Au fur et à mesure, les jours passant, ils se rapprochent. Mais c'était sans compter sur une rivale, amie de longue date du héros et bien décidée à ne pas le laisser filer, quitte à user de moyens radicaux contre la nouvelle venue.

Le début : la jeune femme est prête à partir pour une année sabbatique. Tout semble se présenter au mieux.

Le déclencheur : la première rencontre avec le personnage masculin qui se passe mal, alors que le voyage semble idyllique. Mais quel secret cache ce caractère taciturne ?

Les obstacles : outre les situations orageuses avec le héros, la rivale tentera d'empoisonner l'héroïne, de la perdre dans la forêt tropicale, ou autre vengeance de cet acabit. Le lecteur suit la mise en place des traquenards.

Le point culminant : l'héroïne se trouve face à sa rivale, couteau à la main. Mon dieu ! va-t-elle être sauvée ? Oui, le héros (qui se doutait de quelque chose) se précipite pour la sauver.

Le dénouement : le rapprochement se fait, après la terrible épreuve qui vient de se dérouler.

La fin de l'histoire : l'héroïne a décidé de rester définitivement dans ce pays qu'elle a adopté, auprès de l'homme qu'elle aime. Il a dorénavant décidé de lui faire confiance parce qu'il a compris qu'elle n'était pas comme toutes celles qu'il a pu connaître.

La rivale (ou le rival) est une intrigue souvent utilisée ; c'est une recette ancienne qui a fait ses preuves. Bien sûr, en lisant cette intrigue, vous avez peut-être l'impression qu'elle est éculée, mais la plupart des romans sentimentaux l'utilisent. Cette même intrigue peut se passer dans un bureau, où la rivale est une collègue qui a décidé de faire passer l'héroïne pour une incapable afin de la déstabiliser et de ruiner ses chances auprès de son patron (amoureux…).

Intrigue 2

Dans la vie d'Éva, rien ne va. Son travail n'est pas celui qu'elle espérait, son petit ami la trompe avec sa meilleure amie et les relations avec ses parents ne sont pas au beau fixe. Alors qu'elle sort du bureau, totalement désespérée par cette vie qui ne la ménage pas, elle se fait renverser par une voiture. À son réveil, tous ses proches sont aux petits soins pour elle. Elle décide de mentir et feint l'amnésie. Et si elle recommençait à zéro une nouvelle vie ?

Le début : la vie d'Éva n'est pas très gaie et elle ne sait pas comment cela pourrait s'améliorer.

Le déclencheur : l'accident de voiture et son réveil dans son lit d'hôpital. (Elle réalise qu'elle n'est pas obligée de se souvenir de tout…) Elle a un choix à faire, la vérité ou le mensonge.

Les obstacles : difficile de se souvenir que l'on ne se souvient pas. Un personnage s'en rend compte ou la situation se complique tellement que la vérité est obligée d'apparaître. Les obstacles peuvent venir de ses proches, ou/et du personnel médical, mais aussi d'elle qui regrette… et qui fait une gaffe, révélant son imposture aux yeux de tous.

Le point culminant : la révélation du mensonge : une personne proche se sent trahie, ou toute l'assemblée la met devant son mensonge. Elle se retrouve seule.

Le dénouement : finalement, elle a menti pour préserver un bonheur fragile, sa famille se rapproche, son petit ami infidèle disparaît totalement de sa vie, Éva a compris les vraies valeurs. Et son médecin à l'hôpital veut la revoir (ou un autre patient, ou un ami…).

La fin de l'histoire : une histoire d'amour avec le médecin s'annonce, et se réalise à la fin du récit. Bien sûr, il attendra qu'Éva soit sortie de l'hôpital pour la revoir (souvenez-vous que la relation patient/médecin est proscrite). C'est l'amour, le vrai, avec ses proches autour d'elle et un nouveau boulot plus enrichissant qui l'attend, quelque part.

Le mensonge est souvent traité dans les romans sentimentaux. Le personnage principal se fait passer pour quelqu'un qu'il n'est pas, ce qui provoque forcément des réactions, des quiproquos. Le lecteur sait qu'à un moment (le point culminant), le personnage principal va être obligé (ou un fait va l'obliger) de se dévoiler et le pot aux roses sera découvert. Le lecteur attend avec impatience ce moment, car vous l'avez placé dans une situation avantageuse, il sait ce que les autres personnages du roman ne savent pas encore. Il a une longueur d'avance sur l'histoire. À vous de doser le suspense.

Intrigue 3

L'amnésie, toujours l'amnésie, qu'elle soit réelle ou feinte, est une mine d'or pour l'auteur de roman sentimental. Donc, cette fois-ci, une amnésie réelle (mais provisoire).

Bianca se réveille dans sa chambre, amnésique. Son mari lui raconte qu'elle a eu un accident et qu'elle doit se reposer pour récupérer de son choc. Bianca ne se souvient de rien, mais son instinct lui souffle qu'elle est en danger, sans pouvoir le nommer. Une conversation entendue dans une autre pièce de la maison la conforte dans cette impression : son mari et sa meilleure amie se cachent pour comploter et elle veut en avoir le cœur net. Elle appelle un détective privé, dont elle a vu une publicité dans un journal (ou un ami perdu de vue dont elle retrouve le numéro de téléphone au fond de son sac !). Il va l'aider à retrouver la mémoire, en lui laissant le temps de récupérer sans crainte car il va veiller sur elle. Victime d'une terrible machination, le détective va la sauver (rôle protecteur du personnage masculin) des griffes de ses ennemis et ils vont tomber amoureux suite à cette épreuve terrible.

Le début : réveil douloureux et souvenirs perdus pour Bianca qui se sent malgré tout en danger sans pouvoir se l'expliquer.

Le déclencheur : une conversation entendue par hasard, ses appréhensions sont fondées.

96

Les obstacles : le mari, la meilleure amie, et cette terrible mémoire qui lui fait défaut. À qui faire confiance ?

Le point culminant : alors qu'elle retrouve la mémoire, son mari et sa maîtresse tentent de l'assassiner, au moment où elle se retrouve seule.

Le dénouement : le détective déjoue le piège machiavélique du couple et éloigne définitivement Bianca de cet environnement malfaisant. Bien sûr, le détective, beau et courageux, aura téléphoné à la police pour venir cueillir les « méchants ».

La fin de l'histoire : Bianca se remet de ses émotions dans les bras du jeune détective. Désormais, il sera auprès d'elle quoi qu'il arrive.

Intrigue 4

Cette intrigue, fondée sur un mensonge (généralement pour faciliter les choses, trouver du travail ou ménager une famille…), est aussi un bon moyen de provoquer des scènes cocasses, où les quiproquos seront nombreux. Cette intrigue peut se dérouler n'importe où, à n'importe quelle époque.

Difficile d'être toute seule à un mariage, toutes ses amies sont en couple et elle ne veut pas se montrer seule à cette fête qui est annoncée comme le plus beau mariage de l'année. Cécily a décidé d'engager un acteur au chômage qui lui sert de cavalier. Sa famille l'adopte immédiatement et demande à Cécily et son soi-disant petit ami de rester quelques jours de plus dans leur propriété. Le rapprochement est inéluctable, même si Cécily est exaspérée par le rôle de fiancé que joue parfaitement, en en faisant un peu trop, le beau Gabriel qui ne la laisse pas totalement indifférente.

Le début : Cécily est invitée et sera témoin au mariage de sa cousine, c'est difficile pour elle d'accepter sa solitude. Que faire ?

Le déclencheur : après avoir décidé qu'elle n'irait pas toute seule au mariage, une petite annonce (ou un conseil d'une amie, ou un reportage…) lui donne la solution : un comédien.

Les obstacles : les autres, tous les autres qui la félicitent pour leur joli couple, mais aussi le mensonge lui-même, et ce comédien qui en fait tellement qu'elle a envie de tout arrêter. D'ailleurs, ils sont plusieurs fois sur le point d'être démasqués. Les sentiments sont un obstacle à eux tout seuls, et les péripéties peuvent être nombreuses.

Le point culminant : la mascarade est révélée (par une amie, une grand-mère qui a compris, ou mieux par une ex du comédien qui débarque avec des fleurs pour la mariée !).

Le dénouement : cela peut être des semaines, voire des mois plus tard. Le « couple » ne se voit plus depuis ce fameux mariage, mais il se retrouve par hasard. Ce hasard peut être un endroit qu'ils affectionnent particulièrement tous les deux (sans le savoir…) car ils ont les mêmes goûts, les mêmes valeurs… Lui n'est plus comédien, mais maintenant présente une émission sur les amours contrariés, ou les mariages, etc. Elle, toujours célibataire, craque pour lui. Ils se revoient, comme de bien entendu…

La fin de l'histoire : c'est le couple de l'année, d'ailleurs, leur mariage promet d'être la fête à ne pas rater…

Intrigue 5

L'intrigue que je vous propose maintenant suit les grandes lignes d'*Orgueil et préjugés* et du *Journal de Bridget Jones*, à vous d'ajouter ce qui fera le « sel » de votre histoire. Elle est basée sur un malentendu, des préjugés (forcément revus par la suite…).

Clara est une jeune femme d'une trentaine d'années qui aimerait rencontrer l'homme idéal, son futur mari. Elle est sous le charme de son patron, ou de toute autre personne en vue, comme cet avocat qui ne défend que les causes nobles mais qui a peur de s'engager. Lorsque Clara retrouve ses parents, dans la propriété familiale, la question qui revient toujours concerne ses éventuelles amours. Elle est triste de devoir faire bonne figure, la solitude, elle en a sa dose ! Son patron lui fait croire que cet avocat qui la fait craquer a trahi sa confiance (pour une raison quelconque) et n'est qu'un homme prétentieux avec qui elle aura toujours des problèmes. Lorsque Clara se rend compte qu'elle s'est trompée sur son compte, que tout n'est qu'orgueil mal placé de sa part et préjugés ridicules (sur sa famille excentrique, ou différence de classe sociale évidente…), elle laisse tomber le patron, se rapproche de l'avocat et se réconcilie avec lui. Ils vivent heureux ensemble, les différences sont gommées.

Le début : présentation de l'héroïne, une jeune femme indépendante mais mal dans son célibat, qui est sous le charme de son patron (ou d'un homme haut placé…) et d'un ami (d'enfance ou des parents ou d'une collègue…), mais vit des tensions familiales dues à son célibat. Elle se débat entre plusieurs sentiments. Ou bien l'héroïne célibataire est amoureuse d'un homme qui n'est pas de son milieu social.

Le déclencheur : tout pourrait bien se passer si le héros n'avait pas trahi sa confiance, en la rejetant pour faire plaisir à sa famille (car elle n'est pas du même milieu social ou toute autre raison, mais généralement liée à l'argent ou à la différence de classe sociale). Elle lui en veut beaucoup…

Les obstacles : orgueil et préjugés, bien sûr. La famille et leur envie de « rester entre personnes du même rang ». Et des différences de vie, de mœurs, de désirs, d'amis, la jalousie…

Le point culminant : le moment où l'héroïne se rend compte qu'elle s'est trompée et qu'elle doit faire le premier pas de réconciliation. Elle peut aussi apprendre sa méprise par une amie, et se met à courir, courir, pour retrouver son unique amour…, mais va-t-il lui ouvrir les bras ?

Le dénouement : bien sûr qu'il l'aime ! Et tant pis pour la famille et certains amis qui vont jaser et leur tourner le dos. Et d'ailleurs les différences, c'est super, ça soude un couple, non ?

La fin de l'histoire : un mariage. Forcément. Avec le bonheur de ceux qui se sont vraiment trouvés pour la vie.

Dans son livre, écrit sous la forme d'un journal intime, découpé en mois puis en jours, l'auteur du *Journal de Bridget Jones* présente au lecteur tous les détails de la vie de Bridget, le personnage principal : son poids, les calories avalées, les cigarettes fumées…

Dans le roman qui suivra, *Bridget Jones. L'Âge de raison*, Helen Fielding proposera l'intrigue suivante (que vous détaillerez maintenant sans souci…) : Bridget Jones a trouvé l'amour avec Mark Darcy, mais elle a peur de le perdre car une jeune femme très séduisante rôde autour de son charmant compagnon. Quant à son ancien patron, il est toujours irrésistible, huumm. Entre sa carrière et les conseils pas toujours judicieux de ses proches, elle doit jongler avec tous ses sentiments contradictoires. Mais en premier lieu, elle doit sauver son bonheur et se faire confiance, car son principal ennemi, c'est elle !

Autres intrigues

Voici quelques intrigues utilisées dans les romans sentimentaux qui vous inspireront peut-être :

- la peur de l'engagement (de l'un ou de l'autre, avec des jeux « du chat et de la souris ») ;

- la réunion d'un couple séparé ou divorcé qui doit unir ses forces pour combattre un ennemi commun ou s'investir dans une cause commune, cette intrigue servira de prétexte pour que le couple se reforme ;

- la belle intrigue du roman de Jane Austen, *Emma*. Les intrigues de Jane Austen sont reprises à toutes les sauces… L'intrigue met en scène une jeune femme à fort caractère qui, croyant avoir des talents d'entremetteuse, va aider une amie à trouver un mari. Les péripéties vont s'enchaîner, son intervention n'étant pas la meilleure chose qui puisse arriver à son amie célibataire. Et si un des prétendants tombait amoureux d'elle et non de cette amie ?

Vous avez compris comment fonctionne une intrigue sentimentale. À vous de jouer ! Écrivez, sur le même principe que les exemples ci-dessus, une intrigue en détaillant les étapes qui mèneront à la fin heureuse de vos héros. Faites cet exercice plusieurs fois, en changeant le personnage principal (pas toujours une héroïne…), et modifiez les intrigues. Vous connaîtrez ainsi toutes les « ficelles » pour réaliser une histoire qui accroche le lecteur.

Existe-t-il une recette magique ?

Non, il n'existe pas de recette magique pour avoir un succès de librairie, cela se saurait. Cependant, les ingrédients restent les mêmes pour préparer l'histoire. Voici un bref rappel des « petits plus » pour que votre histoire donne envie d'être lue jusqu'à la dernière ligne.

Les personnages sont portés par un désir fort (de se retrouver, de conjurer le sort, de se sortir d'un mauvais pas, de se marier contre l'avis de tous, de démarrer une nouvelle vie au bout du monde…).

Le lecteur peut s'identifier aux personnages, l'histoire le fait rêver ou le transporte dans un grand moment d'évasion.

Un peu d'humour à parsemer ici et là pour apporter un peu d'espoir dans votre intrigue n'est pas à négliger.

Soignez votre écriture, dès les premières lignes, votre style reflète votre personnalité. Faites des phrases courtes et évitez la forme négative.

Parfois, après avoir terminé votre texte, l'écriture, ou plutôt la réécriture du premier chapitre, s'avère judicieux, car il s'agit de former une « boucle » avec le dernier chapitre, en rappelant des éléments essentiels. À la manière de Marc Lévy pour son premier roman, *Et si c'était vrai…*

10

Le choix d'un titre (explicite, de préférence)

Le titre est à choisir judicieusement une fois le texte fini, à moins que vous n'ayez en tête un titre déjà bien arrêté qui a facilité votre mise en route. Un titre, c'est comme une marque : c'est avec ce titre que votre roman sera reconnu. Un bon titre attire le lecteur lorsque celui-ci hésite dans son choix. Il peut lui donner envie de lire le résumé de la 4e de couverture. Et de repartir avec votre livre…

Quels sont le sujet de votre roman, votre intrigue, le lieu, le symbole principal de votre histoire ? Notez plusieurs titres possibles, vous ferez votre choix à la relecture, lorsque votre « bébé » sera presque prêt. Dites-les à haute voix, demandez l'avis de personnes en qui vous avez confiance et qui vous diront leur préférence.

Comme vous avez déjà « étudié » quelques romans sentimentaux, notez leurs titres, imprégnez-vous de l'ambiance du roman, à quoi vous font-ils penser ? Sont-ils bien choisis ?

Voici quelques titres de romans sentimentaux, vous remarquerez qu'ils sont tous explicites et promettent déjà au lecteur une histoire d'amour :

- *Un troublant détective* d'Hélène Caussignac ;
- *Un océan d'amour* de Barbara Cartland ;
- *Toietmoi.com* de Marie de Saint-Géran ;

- *Affaire de cœur* de Danielle Steel, ou parmi les autres titres de l'auteur : *Un si grand amour, Forces irrésistibles, Rendez-vous…* ;
- *Les Pages de notre amour* de Nicholas Sparks.

C'est quoi un bon titre ?

Il n'existe pas de recette parfaite pour choisir le bon titre, mais des écueils à éviter :

• ne pas choisir un titre trop long ;

• pas de titre à la signification complexe ou négative ;

• pas de titre qui n'indique pas le genre que vous avez choisi (imaginez que votre roman sentimental s'appelle *Terreur au 25ᵉ étage* ou encore *Plongée dans les mers du Sud*, cela ne manquerait pas de perturber les lecteurs…).

Malgré tout, il faut savoir que l'éditeur décide en dernier lieu. Si vous avez su le séduire avec le titre que vous avez choisi, il n'y a aucune raison qu'il le modifie au moment de sa publication.

À vos titres, partez ! Dans cet exercice, vous allez chercher le titre de votre prochain roman. Alignez quelques titres, même si vous n'êtes pas certain d'en retenir un au final, même si vous n'en êtes pas pleinement satisfait. Votre titre doit être évocateur et signifier quelque chose pour vous. Gardez vos essais, ils vous serviront peut-être pour un prochain roman.

104

11

Qu'est-ce qu'un roman sentimental réussi ?

Un bon roman sentimental, c'est un roman qui offre à ses lecteurs un moment d'évasion. C'est une lecture de distraction, ce qui est difficile à réaliser, même si certains pensent le contraire… Un roman sentimental obéit à certaines règles que nous avons vues précédemment. Afin de ne rien oublier, et de se rappeler les ingrédients nécessaires à sa composition, détaillons les éléments d'un bon roman sentimental.

Un héros ou une héroïne que l'on va aimer

Le lecteur va s'attacher à l'héroïne et au héros. Il va identifier certains désirs qu'il partage avec votre personnage, et s'intéressera donc de près à votre histoire. Le héros ou l'héroïne, sympathique, attachant, va prendre par la main le lecteur et lui faire partager de bons moments d'évasion. C'est votre but. Si votre histoire intègre un personnage secondaire amoureux de l'héroïne (mais soyez sans crainte, on ne les retrouvera pas ensemble à la fin du roman), et qui va contrecarrer les désirs du personnage principal masculin, présentez-le au lecteur après le héros. Que le lecteur ait le temps de le connaître et de s'attacher à lui avant de voir apparaître un rival… *Idem* pour les personnages féminins et l'héroïne. Ce que le lecteur apprécie, dans un roman sentimental, c'est la lutte, toujours identique, entre ses sentiments, le pouvoir de la rencontre, la peur de perdre quelque chose et le désir de retrouver l'amour. Le lecteur sait comment tout cela va se terminer, mais la lutte pour obtenir la reconnaissance de l'amour que l'on croyait perdu ou que l'on ne croyait jamais connaître est un enjeu universel.

Toute votre histoire tourne autour de votre personnage principal à la poursuite de l'amour. Même si celui-ci cherche à éviter les rencontres, ne pense qu'à son travail ou à sa famille, le lecteur sait que l'amour est le fil rouge de l'intrigue. Votre personnage principal tente de reconquérir son amie d'enfance, ou sa secrétaire ou sa voisine, ou de se débarrasser d'une sorte d'apparition encombrante mais bientôt indispensable (*Et si c'était vrai* de Marc Lévy ou *La Fille de papier* de Guillaume Musso, entre autres… sans oublier le chef-d'œuvre de R. A. Dick, *Madame Muir et le fantôme*). Ne volez pas au lecteur la première rencontre ou le moment où le couple tombe amoureux, et si les personnages ne le savent pas encore, le lecteur sait que le couple va se former dans les pages qui suivent. La formation du couple romantique est un moment important pour le lecteur, ne l'abandonnez pas, racontez cet épisode fondateur, cette attraction ou cette envie de le voir disparaître à jamais…, c'est-à-dire pas bien longtemps ! Ce moment est important, sinon le lecteur risque de ne pas croire à votre intrigue. Si le couple se connaît et est séparé pour des raisons diverses, racontez les retrouvailles, vivez-les, faites partager vos émotions. Je le répète, le roman sentimental bat au rythme des émotions.

Des obstacles insurmontables… ou presque

Comme votre personnage principal, en plus de chercher l'amour, doit se confronter à des obstacles placés sur son chemin, le lecteur doit comprendre parfaitement sa motivation et l'enjeu que cela représente pour lui. Le héros ou l'héroïne fait face, persiste dans son but. Si les obstacles ou les péripéties que vous distillez dans le roman ne sont pas assez spectaculaires pour que le lecteur tremble pour eux, il ne sera pas passionné. Parfois, c'est leur différence de monde qui sépare les personnages (une milliardaire et un jardinier par exemple…) ou bien un mensonge est à l'origine de l'amour et il sera difficile d'affronter la vérité (le lecteur attend patiemment de lire le moment de la révélation). Le héros réussit toujours à s'en sortir, imaginez un personnage qui baisse les bras, se dit « tant pis », l'amour viendra la prochaine fois…

Une intrigue bien ficelée

Le personnage principal poursuit deux objectifs – qui se révèlent être liés –, que ce soit percer un secret et retrouver sa femme (*La Première Nuit* de Marc Lévy), ou retrouver la mémoire et identifier le danger (tout en étant aidé par un charmant détective… comme dans le roman *Un troublant détective* d'Hélène Caussignac), ou encore retrouver son amour de jeunesse et s'éloigner des griffes du roi (si vous aimez la romance historique)…, vous avez compris le principe. En effet, deux objectifs ajoutent de l'originalité, de l'action, de la vie. C'est bien de chercher l'amour, mais la vie qui nous entoure a son importance, il ne faut pas la négliger. Parfois, les désirs du héros sont en opposition, ce qui augmente le conflit : le héros ne veut plus aimer à cause d'une malédiction qui le transforme en loup-garou les nuits de pleine lune, mais il est irrémédiablement attiré par une jeune libraire qui s'intéresse de trop près à ces histoires surnaturelles… je vous laisse inventer la suite. Ou, autre exemple, l'héroïne tombe amoureuse du fils d'un homme responsable de la destruction de sa maison familiale… Le lecteur sera davantage impliqué si le conflit est augmenté par des raisons parallèles. Mais attention, trop d'intrigues tuent l'intrigue. Les romans sentimentaux obéissent à des lois, à des principes d'écriture. Vous pouvez être original, mais restez dans le cadre du genre. Inventez une intrigue policière qui se passe au temps du Roi Soleil, entre une jeune femme de la cour et le roi, mais ne rajoutez pas des vampires !

L'intrigue est bien sûr l'histoire d'amour ,mais la seconde intrigue sera toujours en conflit avec la première, cela peut donner des scènes réjouissantes, drôles ou angoissantes. Votre intrigue montrera au lecteur pourquoi ces deux-là sont faits pour s'aimer, même si tout les oppose ou que les obstacles semblent insurmontables.

La situation est grave mais pas désespérée

Le personnage principal se démène pour déjouer les obstacles et pour éviter de se mettre dans de mauvais draps ; il est parfois terrifié, d'autres fois téméraire ou inconscient, et fonce droit devant lui. Certains prennent les choses avec une dose d'humour ou de résignation temporaire, car ils repartent aussitôt poursuivre la mission que l'auteur leur a confiée. D'autres se font passer pour ce qu'ils ne sont pas (l'intrigue de *Sauve-moi* de Guillaume Musso…) – ce qui ne sera pas sans conséquence –, ou aiment deux personnes à la fois sans se décider, ou décident de reconquérir leur ancien fiancé dont le mariage est prévu pour le lendemain… il faut faire vite !

Dans votre roman, le mensonge va être révélé, le lecteur connaîtra la faille du héros, mais son courage le poussera à utiliser toute son énergie pour reconquérir celle qui risque de lui échapper et accomplir enfin son destin.

Dans certains romans, l'auteur donne des indications au lecteur, avant que le personnage principal ne soit confronté à cette situation, cela crée du suspense, pique la curiosité du lecteur, qui se trouve alors dans une position confortable : il connaît ce qu'il va arriver avant le héros ou l'héroïne. L'émotion vient aussi du fait que le lecteur sait quelque chose que l'autre personnage ne sait pas (c'est un milliardaire, un prince ou un héritier qui se fait passer pour quelqu'un d'autre, d'un rang inférieur évidemment, mais l'héroïne ne s'en préoccupe pas… pour le moment). Le lecteur sait que le personnage principal va apprendre la vérité, et il est impliqué doublement dans l'histoire. En reconnaissant ses faiblesses, le personnage principal évolue, ce qu'il fera durant toute l'intrigue.

Les bons auteurs savent comment convaincre les lecteurs que les deux personnages principaux sont faits l'un pour l'autre, sans contradiction possible, même s'ils sont aux antipodes. Chacun est complémentaire de l'autre.

Une douce sensualité

Dans un roman sentimental, les scènes sensuelles ont fait leur apparition il y a quelques années déjà. Vos personnages font maintenant face à leur désir sexuel, et les auteurs, même s'ils ne les montrent pas en pleine action, savent doser une sensualité explicite. Les scènes d'amour favorisent l'imagination des lecteurs, qui en redemandent…

 Marie de Saint-Géran, *Toietmoi.com*

« Je n'ai pas le temps de regarder la chambre qu'Éric me bouscule sur le lit. Ses mains chaudes sur mon visage puis sur ma cuisse au-dessus du bas, ses lèvres sensuelles qui s'ouvrent sur des dents prêtes à croquer et obligent mes lèvres à s'entrouvrir, me troublent au point de me faire trembler. Mon corps s'ouvre à cet homme ardent et passionné. {…} Je suis prise d'une fièvre intense, ma bouche et ma langue jouent tout au long de son corps, excitées par l'haleine chaude des lèvres d'Éric sur mes seins, sur mon ventre, mon bas-ventre. »

Cet extrait est plutôt prude, les auteurs ont tendance à être plus précis dans les scènes d'amour !

Un peu de frustration et de plaisir mêlés

Le lecteur, en s'identifiant au personnage principal, suit, au même rythme, les aventures qui vont le ou la mener vers l'être aimé. De nombreuses émotions vont se succéder durant la lecture, et tout ce qui va servir à repousser leurs retrouvailles, leur histoire d'amour accroche votre lecteur tout en le frustrant : ce n'est pas encore cette fois-ci qu'ils seront réunis, encore quelques pages… Vous créez une attente. Quand cela va-t-il *enfin* se passer… ? Savoir faire patienter pour mieux récompenser, là réside tout le talent de l'auteur. Le lecteur ne se dit pas, en attendant la prochaine péripétie : « Que va-t-il arriver ? » – il le sait –, mais plutôt : « Comment cela va-t-il arriver… ? »

Savoir que tout est bien qui finit bien

L'histoire d'amour que vous avez racontée est au cœur de votre roman, tout comme les complications et les obstacles qui s'y sont déroulés. La fin heureuse – promise, programmée, obligatoire, attendue – est importante, tout comme le parcours pour y arriver. Vous avez su doser les péripéties, proposer un point culminant, puis un dénouement positif et favorable aux protagonistes. Le lecteur est passé, au cours de sa lecture, par des émotions différentes, faites d'attente, de frustration et de plaisir. Vous offrez au lecteur l'assurance que votre héroïne a trouvé l'amour, au-delà des différences ou des difficultés. Cela donne au lecteur un sentiment de justice accomplie. Vous pouvez, avant d'apposer le point final, en quelques lignes ou, mieux, en quelques pages, montrer le couple réuni et heureux. Pour ne pas quitter les héros tout de suite…, c'était tellement bon.

Peaufiner le texte

La première version de votre manuscrit n'est que l'ébauche de ce que sera le texte final. Vous allez réécrire certains passages, c'est inévitable, puis enrichir votre univers romanesque, compléter la fin qui sera plus appropriée, plus imagée… Vous allez recommencer, même en partie, votre roman, une fois, deux ou trois fois. Parfois beaucoup plus. L'écriture vous réservera des surprises. Il n'est pas rare qu'un auteur parte sur de nouvelles pistes alors qu'il pensait suivre son plan parfaitement. Les personnages de fiction ont des exigences ! Suivez votre instinct, vos envies.

Peaufinez votre texte jusqu'à ce que vous soyez satisfait du résultat, que l'histoire soit cohérente. Elle va bientôt partir à la conquête des lecteurs.

12

Ne fautez pas !

Traquer les fautes d'orthographe

Même si un professionnel corrige votre manuscrit avant sa publication, il vous faut être vigilant au moment de l'envoi de votre texte aux éditeurs. Si votre texte est truffé de fautes d'orthographe ou de syntaxe, un lecteur du comité de lecture ou l'éditeur risque de ne pas continuer la lecture et vous réduirez vos chances d'être édité. Donc un soin tout particulier doit être apporté à cette étape avant l'impression de votre texte.

Rappel

Pour commencer, passez l'intégralité de votre texte au crible du correcteur de votre ordinateur, cela permet de rectifier les fautes les plus importantes. Vérifiez tout de même les corrections proposées, il arrive parfois que « la machine » prenne pour une faute ce qui ne l'est pas.

Puis imprimez votre texte et relisez-le sur papier, les fautes y sont plus visibles que sur l'écran de votre ordinateur. Entourez-vous de bons livres, à savoir des manuels d'orthographe, de conjugaison et d'un dictionnaire.

Ce chapitre ne cherche pas à remplacer manuels et dictionnaires, mais à faire un tour d'horizon des fautes et des erreurs les plus communes, comme des règles à connaître. Ce n'est jamais inutile.

L'accord des participes passés

Les participes passés donnent souvent du mal aux auteurs. Un rappel qui ne fait pas de mal : le participe passé conjugué avec le verbe « être » s'accorde en genre et en nombre avec le sujet : « Ils sont arrivés à la maison. Elle est ravie de l'aubaine. »

Le participe passé conjugué avec le verbe « avoir » s'accorde avec le COD (complément d'objet direct) si celui-ci est placé devant : « Ces roses, je les ai reçues ce matin. »

En revanche, il ne s'accorde pas si le COD est placé après : « J'ai reçu ces roses. »

Futur ou conditionnel ?

Le souci des « s » à la fin des verbes que l'on ne sait plus conjuguer… sans crainte de rajouter ou pas ce fameux « s » ! Le futur exprime une action à venir (et s'écrit sans « s ») et le conditionnel présent exprime un souhait, une possibilité, un rêve (et s'écrit avec un « s »). Exemple, au futur : « Demain, j'enverrai mon manuscrit à l'éditeur. »

Exemple au conditionnel : « J'aimerais envoyer mon manuscrit à l'éditeur. »

« S » ou pas « s » à l'impératif ?

Téléphone-moi, parle-moi de lui, va-t'en… Pas de « s » à la deuxième personne du singulier à l'impératif pour les verbes en *er*, certains verbes en *ir* (assaillir, découvrir, accueillir, couvrir, cueillir, offrir, ouvrir, souffrir, tressaillir), tout comme avoir, vouloir et savoir : « sache-le ». Donc pas de « s » sauf quand il est nécessaire de faire une liaison : « penses-y ».

Masculin ou féminin ?

Je ne sais pas pour vous, mais pour certains noms, l'hésitation est grande entre le masculin et le féminin. Voici les noms que vous pouvez utiliser dans les deux genres : *après-midi, interview, parka, palabre, perce-neige.*

Pour compliquer le tout, les mots *amour, délice* et *orgue* sont masculins au singulier et féminins au pluriel.

Il y a

Évitez l'expression « il y a » dans votre texte lorsqu'elle n'est pas indispensable. « Il y a un homme qui attend à la terrasse du café » devient : « Un homme attend à la terrasse du café. »

Nôtre ou notre ?

Les deux orthographes sont souvent confondues. Si vous pouvez remplacer « notre » par « mon » ou « ma », c'est la seconde orthographe qui sera choisie. Par exemple : « Notre livre est en librairie. » En revanche, j'écris : « C'est le nôtre. » *Idem* pour *votre* et *vôtre.*

Plus tôt ou plutôt ?

Si dans votre phrase, vous pouvez remplacer « plus tôt » par « plus tard », c'est l'orthographe en deux mots qui est la bonne façon de l'écrire. Par exemple : « Je viendrai *plus tôt* demain. » Mais c'est l'adverbe que vous utiliserez pour écrire : « C'est *plutôt* mieux si cela se passe ainsi. »

Le pluriel des noms propres

Les noms propres ne prennent pas la marque du pluriel :

- quand ils désignent une famille non illustre (par exemple, « les Hache » ou « mes voisins, les Dupont »…) ;
- ou des personnes portant le même nom, par exemple, « les sœurs Hache » ;
- lorsqu'ils désignent des titres d'ouvrages, de journaux (« je garde tous les *Elle* ») ;

- ou lorsqu'il s'agit d'œuvres d'art ou des livres désignés par le nom de l'auteur (« j'ai lu tous les Musso »).

En revanche, ils prennent la marque du pluriel :

- lorsqu'ils désignent des pays, des peuples, des lieux géographiques (les Anglais, les Alpes, les États-Unis…) ;
- quand il s'agit de familles royales ou princières, comme les Tudors ou les Capétiens… ;
- ou s'ils représentent des personnages pris comme modèles : « de vrais petits Mozarts ».

Attention au langage familier

Vous n'écrivez pas de la même façon que vous parlez. Si l'on accepte un langage familier, dans la vie de tous les jours, il n'en est pas de même dans vos écrits. Il n'est pas nécessaire, cependant, d'utiliser un langage soutenu, mais un langage du registre courant est plus agréable à lire : « J'ai été voir à la bibliothèque/Je suis allé à la bibliothèque » ; « Je sais pas ce qui y a eu/Je ne sais pas ce qu'il s'est passé » ; « Grouille-toi, on va rater le train/Dépêche-toi, nous allons rater notre train. »

Jouez avec les synonymes

Armez-vous d'un dictionnaire de synonymes qui sera bien utile. N'hésitez pas à utiliser des mots de sens identique afin de ne pas user de répétitions. Utiliser toujours les mêmes mots indique un manque de vocabulaire évident et un appauvrissement du texte. Cherchez des mots moins courants que ceux que vous avez l'habitude d'utiliser.

Être et *avoir*

Tout comme les verbes *faire et dire*, n'abusez pas des verbes *être* et *avoir*, remplacez-les, quand vous le pouvez, par un autre verbe plus précis, cela enrichira votre texte. Vous le rendrez moins répétitif.

Selon le sens de votre phrase, le verbe *avoir* peut être remplacé par les verbes : détenir, bénéficier, posséder, disposer, porter, arborer, manifester, produire, tromper, vaincre, duper, berner, piéger… : « Elle a eu ce poste/Elle a obtenu ce poste » ; « Elle a une belle robe/Elle porte une belle robe. »

Vous pouvez remplacer le verbe *être* par les verbes : sembler, paraître, exister, demeurer, ressembler, appartenir, vivre, subsister, se trouver, apparaître… : « Anna est heureuse/Anna semble heureuse » ; « Il est des ruptures douloureuses/Il existe des ruptures douloureuses. »

Le verbe *faire*, très souvent utilisé, lui aussi, peut être remplacé par des verbes plus précis : s'occuper, chercher, commettre, édifier, agir, élaborer, travailler… : « Il fait la cuisine/Il cuisine » ; « Il fait une faute/Il commet une faute » ; « Elle fait du tennis/Elle pratique le tennis. »

À la place du verbe *dire*, qui finit par revenir très souvent dans un texte, changez-le pour un autre verbe : rapporter, raconter, prononcer, avouer, révéler, murmurer, indiquer, crier, soupirer, répéter, conclure, gémir, s'indigner, s'inquiéter, poursuivre… : « Il dit son discours/Il prononce son discours. »

Adjectifs et adverbes

Commençons par les adjectifs. C'est le seul genre où vous pouvez vous en donner à cœur joie… Le rôle d'un adjectif qualificatif est de décrire, d'apporter une précision sur le nom qu'il qualifie. Inutile de vous dire que vous pourrez prendre un plaisir tout particulier à cerner vos personnages ou vos décors.

« Ses cheveux *blonds* et *ondulés* tombaient en cascade sur ses épaules *nues* et *halées*. »

« J'entendais au loin la voix *rauque* et *virile* de Martin. »

« Son *beau* regard *bleu acier* me charmait. »

J'en fais peut-être trop avec ces exemples (bien que…), mais vous saisissez sûrement l'idée. Dans un roman sentimental, une large place est faite aux émotions, aux sentiments, à la relation entre les deux protagonistes ; leurs portraits devront être précis, clairs, pour que les lecteurs se les représentent plus facilement. Laissez-vous porter par votre imagination, laissez-vous déborder par la passion dévorante de Lucas pour Émilie (ou de Sarah pour Benoît !).

Même si amour rime avec toujours, méfiez-vous des adverbes. Je suis d'accord avec vous, les romans sentimentaux débordent souvent d'adverbes inutiles. C'est un festival de « cependant », « désormais », « alors » et « toutefois ». Ils alourdissent le texte et, lorsqu'ils n'apportent rien à la phrase, supprimez-les.

Attention aux pléonasmes

Un pléonasme est un ensemble de mots ou d'expressions qui abondent dans le même sens. Généralement, on ne fait guère attention à eux car ils ont envahi notre vie quotidienne et nous ne nous rendons plus compte de ce que nous disons. Qui n'a pas dit : « je monte en haut », « je descends en bas », « ils cohabitent ensemble », « ajouter en plus », « applaudir des deux mains », « un hasard imprévu », ou encore : un « tri sélectif » !

Il y en a d'autres, et au moment de la correction, soyez vigilant. Évitez d'encombrer votre texte des dernières fautes. Je vous livre une petite liste (non exhaustive) de mes pléonasmes préférés : « prévoir à l'avance », « au jour d'aujourd'hui », « il pleut dehors », « première priorité », « mauvais cauchemar », après le « bip sonore », « claquer bruyamment la porte », « nager dans l'eau », « projet d'avenir », « se cotiser à plusieurs », ou encore : « marcher à pied ».

Gare à la ponctuation

Les points de suspension en fin de phrase sont au nombre de trois, ni plus ni moins…

Le tiret long « – » est utilisé en début de ligne, suivi d'un espace, pour introduire les dialogues. Vous allez à la ligne à chaque changement d'interlocuteur.

Le point d'exclamation se place à la fin d'une phrase exclamative, pour souligner un ordre, une surprise, une admiration, une exaspération. « Oh ! Quelle belle journée ! Marchons ! » N'en abusez pas : « Débarrassez-vous de tous les points d'exclamation. Mettre un point d'exclamation, c'est un peu comme rire de sa propre blague » (F. Scott Fitzgerald).

PARTIE III

Après le mot « fin »

13

Le temps de la relecture

Votre livre est fini… En êtes-vous sûr ?

Vous avez mis un point final à votre histoire. Vous l'avez relue, vous avez enlevé ici ou là quelques fautes d'orthographe, une répétition malvenue. Vous pensez avoir terminé et vous êtes prêt à proposer votre manuscrit à un éditeur. Désolée de vous stopper dans votre élan, mais la première chose à faire, pour être certain que votre livre est terminé, c'est de le laisser reposer dans un tiroir de votre bureau. Comment ? pourquoi ? Tout simplement parce que vous êtes plongé dans cette histoire depuis des mois, vous relisez votre texte sans le relire vraiment et vous n'avez pas le recul nécessaire pour jeter un œil neuf sur votre manuscrit. Lâchez prise ! Reposez-vous, faites autre chose, lancez-vous dans l'écriture d'une nouvelle, d'un autre roman, ou tout simplement détendez-vous, pensez à autre chose. Laissez passer quelques semaines, vraiment, ce n'est pas du temps perdu. Vous constaterez, en le reprenant au bout de deux semaines ou d'un mois, des erreurs dans le déroulement de votre histoire et d'autres fautes d'orthographe ou de syntaxe que vous n'aviez pas vues auparavant.

Pour optimiser les chances de trouver les imperfections de votre roman, faites un tirage papier de votre texte. On ne voit pas la même chose sur l'écran d'ordinateur et sur papier, vous en ferez l'expérience. Relisez une nouvelle fois votre texte, vérifiez que vous n'avez pas fait trop de répétitions, il arrive souvent qu'un auteur place, sans s'en rendre compte, des mots ou des expressions qu'il utilise régulièrement, qui font partie de sa façon naturelle de s'exprimer. Un bon conseil : lisez votre roman à haute voix, cela permet de vérifier la fluidité de votre texte. Vous repérerez sans peine les phrases mal construites. Évitez les phrases trop longues, comme les points d'exclamations trop fréquents.

Gare aux perles !

Afin de ne pas prolonger cette liste de perles lues au hasard de mes lectures, s'il vous plaît, relisez-vous ! Volontairement (et par gentillesse), je ne donnerai pas les noms des auteurs ou les titres des romans : « Malgré ses yeux baissés qui ne me regardaient pas, je perçus une lueur bleue lumineuse » ; « Il s'approcha d'elle pour être plus près » ; « Mon cœur se mit à battre dans ma gorge, ce qui brouilla ma vision. »

Vérifier le déroulement cohérent de l'histoire

Cela semble évident, mais une cohérence dans les temps choisis, comme dans l'apparition des personnages, leur évolution, est primordiale. Que vous décidiez de raconter au présent ou au passé n'a pas d'importance, aucun temps n'est meilleur que l'autre, mais restez fidèle à celui que vous avez choisi. Parfois il est nécessaire de passer du présent à l'imparfait, par exemple, ce qui rythme le texte, relisez à haute voix pour vérifier si « cela sonne bien ». Aidez-vous d'un manuel de conjugaison, bien utile pour se rappeler quelques règles oubliées.

La cohérence passe aussi par les détails que vous avez égrenés au fil de votre écriture. Ne passe-t-on pas d'une saison à une autre sans indication ? d'un lieu à un autre ? Du premier chapitre au dernier, votre héros a-t-il modifié sa façon de voir la vie ? Un personnage, quel qu'il soit, suit une évolution, il n'est pas « statique » durant les deux cents pages de votre roman. Une situation à affronter, les différents bouleversements devant lesquels vous avez placé les personnages principaux ont forcément modifié en profondeur leur façon de voir la vie. Vos personnages n'ont-ils pas des caractères trop tranchés ? Personne n'est parfait, essayez d'apporter des nuances aux caractères et aux pensées qu'ils peuvent avoir. Ce moment de la relecture doit faire apparaître les incohérences et vous permettre d'enrichir l'univers de votre roman en y apportant les derniers changements. Il est important de proposer à l'éditeur le texte le plus « parfait » possible, c'est-à-dire quand vous pensez ne pas pouvoir faire mieux.

Vérifier chaque chapitre

Afin d'identifier les faiblesses de votre roman, le mieux est de fractionner votre relecture, chapitre par chapitre. Cela permet de mieux se rendre compte de la cohérence et de la fluidité de chaque chapitre que vous avez construit en donnant l'énergie nécessaire pour que l'intrigue perdure jusqu'au dénouement.

Comme nous l'avons vu précédemment, chaque chapitre se termine par une accroche qui donne envie au lecteur de tourner la page. On n'attire pas les mouches avec du vinaigre, appâtez votre lecteur qui aura envie de savoir ce que lui réserve le prochain chapitre. De même que vous avez relu votre texte complet pour vérifier la cohérence de l'histoire, faites de même pour chaque chapitre, l'un après l'autre. Chacun doit avoir à peu près le même nombre de pages et les différents chapitres se doivent d'être équilibrés pour former un ensemble harmonieux. Pouvez-vous améliorer l'entrée en matière, la chute ? Encore un effort : n'y a-t-il pas un personnage qui disparaît en cours de lecture ? Les temps sont-ils respectés ? et les dialogues ? Sont-ils vivants, réalistes ? Utilisez-vous le même point de vue ? C'est aussi le moment de corriger les dernières fautes d'orthographe.

Il peut arriver de devoir supprimer certains passages ou réécrire un chapitre ou plusieurs, c'est un moment décourageant ; l'auteur a l'impression qu'il n'arrivera jamais au bout de son projet. Cette étape est difficile mais indispensable si elle permet d'enrichir votre histoire, de lui donner une harmonie.

Ce qu'il ne faut pas faire

Si vous voulez que votre roman tombe des mains du lecteur, ou soit jeté à la poubelle par l'éditeur, suivez le guide.

Entre les deux mon cœur balance

Vous noyez le lecteur sous des répétitions, des descriptions de trois lignes sur les personnages, qui finissent par le lasser. Il a bien compris que l'héroïne est rousse avec des taches de rousseur et des cheveux blond vénitien qui tombent en cascade sur ses épaules hâlées… En revanche, concernant un autre personnage, pourquoi pas le personnage masculin, le lecteur sait seulement que c'est un jeune homme brun absolument charmant, certes, mais il n'en sait pas plus. Il peut l'imaginer, ce qui peut être une solution, mais alors semez des indices (grand, bourru, secret, souriant, arborant un tatouage fait l'année de ses vingt ans…).

Rien, rien de rien

Il ne se passe rien. Rappelez-vous que votre intrigue doit proposer un événement, une action, des péripéties, des bouleversements. Quelque chose doit arriver à votre personnage principal, n'inventez pas plusieurs intrigues si cela n'est pas nécessaire, mais il doit se passer quelque chose dans votre roman.

C'est encore long ?

Vous devez commencer votre intrigue rapidement, il ne faut pas que votre lecteur lise les cent premières pages avant que l'histoire démarre. Il risque de se lasser bien avant. « Quand est-ce que ça commence ? » Phrase à supprimer du répertoire du lecteur, n'est-ce pas ? Alors, faites ce qu'il faut pour entrer rapidement dans l'action.

Ne rien laisser en suspens

Votre intrigue doit avoir un début, un déroulement et une fin. Il est utile de le rappeler. Et lorsque vous mettez en place votre intrigue, ou mettez en scène des personnages ou une situation, vérifiez que toutes les réponses sont données à la fin. Que le lecteur ne reste pas sur sa faim, ou pire, ne connaisse pas ce qu'il est advenu du beau David, le copain d'enfance de l'héroïne, vous savez, celui dont vous parliez dans les deux premiers chapitres et qui a totalement disparu aux suivants. Donc, récapitulons : l'intrigue principale, l'histoire d'amour, est résolue et offre une fin heureuse aux deux tourtereaux. Les questions qui ont pu être posées sur un personnage secondaire ou une situation ont toutes reçu une réponse cohérente. Lorsque toutes vos pistes ont été élucidées, le temps de la relecture est presque terminé. Presque ?

Laissez reposer votre texte, faites-le lire autour de vous, relisez-le après avoir reçu les indications de vos lecteurs, corrigez et voilà, votre manuscrit est prêt.

Doit-on faire lire son manuscrit ?

Si vous êtes sûr, vraiment sûr, que votre meilleure amie ou votre sœur va être sans pitié sur ses commentaires, alors oui. Si c'est pour vous entendre dire : « C'est parfait, tu as du talent, ne change pas une ligne », ce n'est pas nécessaire. Attention, je ne dis pas que votre histoire n'est pas achevée, mais il est constructif de connaître les faiblesses de son texte, les longueurs éventuelles qui fatiguent la lecture, les incohérences qui ont pu se dissimuler à la fin du troisième chapitre ou le manque d'informations sur un personnage secondaire. Il y a toujours une amélioration à apporter à un texte, surtout lorsque c'est un premier roman. Bien sûr, il est parfois difficile de se séparer de son texte, mais ces quelques lecteurs ou lectrices sincères qui vous donneront leur avis sont utiles. Une critique positive n'est jamais une perte de temps. Si vous ne voulez pas le confier à des proches, car personne ne sait que vous écrivez, ou si vous préférez leur montrer le livre une fois publié, confiez votre texte à Internet. Internet ? Oui, sur votre blog si vous en avez un, mettez en ligne le premier chapitre et attendez… Quelqu'un est-il intéressé à connaître la suite ? Si votre blog a peu de visites, vous pouvez visiter les sites d'auteurs sur la Toile, il y a forcément des auteurs qui eux aussi cherchent des avis extérieurs, vous pourrez leur adresser votre roman pour avoir leurs avis. Auparavant, vous aurez pris la précaution de protéger votre texte (voir p. 127).

Le manuscrit ensuite corrigé – selon les avis que vous avez reçus, et à condition que vous trouviez les corrections appropriées – et adressé à la maison d'édition que vous aurez choisie aura davantage de chance de passer la barrière du premier lecteur professionnel ou de l'éditeur lui-même. Vous aurez plus de chance de le voir édité. Et si vous décidez de vous auto-éditer, vos prochains lecteurs apprécieront un texte abouti et sans fautes.

Arrêter à temps !

Si relecture et correction de votre manuscrit sont une étape très importante dans la réalisation de votre roman, sachez vous arrêter à temps. Je ne me contredis pas en donnant ce conseil… Savoir repérer les faiblesses d'un paragraphe, les fautes de syntaxe ici ou là, ne veut pas dire enlever la fraîcheur de votre texte ni de le réécrire complètement. Il ne faut pas « assécher » votre écriture. Si vous le passez au crible du début à la fin, il risque de ne plus rien rester de « l'élan » initial qui vous a poussé à écrire. Savoir doser ses efforts est une étape délicate, je le concède. Le lecteur préférera lire un texte avec quelques imperfections de style mais encourageant, dont il a envie de continuer à tourner les pages, plutôt qu'un texte sans âme, sans sentiment, ce qui serait un comble !

14

Présenter le tapuscrit

Comment présenter votre tapuscrit ?

Le terme manuscrit est souvent, pour ne pas dire toujours, employé. En réalité, l'auteur doit présenter à l'éditeur son texte dactylographié, c'est-à-dire présenter un tapuscrit. C'est le premier contact avec l'éditeur, vous devez donc soigner sa présentation.

Vous avez dactylographié votre texte (à l'encre noire), paginé chaque feuillet, qui doit être de format A4. Restez sobre sur la présentation, environ 1 500 signes par page, interligne 1,5 à 2, et choisissez une police classique comme Times New Roman 12 ou Arial 12. Vous avez justifié votre texte afin qu'il occupe toute la largeur de la page, ce qui donne une présentation régulière.

Laissez des marges à droite et à gauche, d'environ deux à trois centimètres, également en haut et en bas. L'ensemble doit être aéré, agréable à la lecture. Chaque chapitre commence sur une nouvelle page. Retenez-vous d'imprimer votre texte sur des feuilles couleur, restez classique et sobre, les feuilles resteront blanches... Lorsque vous imprimerez plusieurs exemplaires de votre tapuscrit, vous ne devrez en aucun cas photocopier votre texte recto verso même si vous aimez les arbres et luttez pour leur protection ! Ce serait un mauvais point de présentation. Restez simple ; sobriété et classique sont de rigueur.

Présentation de la page de garde

C'est la première page de votre tapuscrit. Ne surlignez pas votre texte en rose bonbon sous prétexte que vous écrivez de la littérature sentimentale. Pas non plus de cliparts cœurs, ou d'images d'amoureux transis, à moins que ce ne soit discret et ne dévore pas toute la page. Si vous le désirez, vous pouvez utiliser une couleur différente pour le titre, un rose foncé, un rouge, pour le faire ressortir, mais ce n'est en aucun cas une nécessité. Vous pouvez également choisir une autre police de caractère pour le titre. Restez sobre, comme pour la présentation de votre tapuscrit. Il sera toujours temps, une fois la publication envisagée, de choisir, avec votre éditeur, une couverture digne de ce nom pour ce genre d'ouvrage. Bien que, dans la plupart des cas (pour ne pas dire toujours), c'est l'éditeur qui choisit la couverture.

Sur la page de garde, indiquez votre nom, éventuellement votre pseudonyme, notez clairement vos coordonnées, votre adresse mail. Cela paraît étrange, mais je peux vous assurer qu'il existe un nombre important de manuscrits sans aucune mention des coordonnées de l'auteur !

Une reliure ?

Même si vous lisez le contraire, reliez votre tapuscrit, que ce soit par une spirale en plastique ou un dos carré collé. Cela permettra à l'éditeur ou aux lecteurs à qui vous le proposez de ne pas perdre de feuilles, de pouvoir le lire d'une façon correcte et agréable. Les feuilles volantes, comme leur nom l'indique, risquent de s'envoler et surtout de disparaître. Une reliure a un coût, mais cela fait partie d'une bonne présentation, et cette présentation soignée est un plus pour donner une bonne impression de votre roman (et de son auteur). Voilà, votre tapuscrit relié est prêt à rejoindre son destinataire. Enfin, presque… Passage obligé si vous devez justifier d'en être l'auteur : la protection de votre œuvre.

15

Protéger son manuscrit

Il existe plusieurs manières de protéger son manuscrit pour prouver l'existence de votre œuvre à une date déterminée. Le plagiat est rare mais l'auteur n'est jamais à l'abri d'un indélicat qui lui « emprunterait » quelques passages ou la totalité de son texte. Il existe différentes possibilités de le protéger, afin de justifier éventuellement de l'antériorité de votre manuscrit. Voici trois façons de prouver que vous avez écrit votre roman le premier :

La poste

C'est le moyen le plus économique puisqu'il ne vous en coûtera que le prix du courrier en recommandé avec AR. Vous vous adressez une enveloppe kraft contenant votre manuscrit, en recommandé avec accusé de réception, le tampon de La Poste faisant foi. Et n'oubliez pas de coller l'étiquette du recommandé sur le rabat d'ouverture de l'enveloppe. Vous pourrez ainsi prouver que cette enveloppe n'a jamais été ouverte. Bien sûr, vous n'ouvrez pas l'enveloppe à la réception, vous la rangez précieusement avec vos papiers administratifs. Si vous devez prouver que votre œuvre a été écrite à une date donnée, vous ouvrirez le pli recommandé en présence d'un huissier ou devant la justice.

Dépôt à la SGDL (Société des gens de lettres)

La SGDL propose aux auteurs de déposer leur manuscrit afin de prouver sa date d'antériorité. Ce service coûte quarante-cinq euros TTC (au 1er janvier 2012) et votre manuscrit sera conservé pour une durée de quatre ans. Une attestation de dépôt vous sera adressée par lettre ou par mail. Également, la SGDL propose un système d'identification et de datation des œuvres en ligne. Le service des dépôts d'œuvre est ouvert du lundi au vendredi inclus, de 9 h 30 à 16 h 30 et l'enregistrement peut se faire par courrier.

Hôtel de Massa
Service des dépôts
38, rue du Faubourg-Saint-Jacques
75014 Paris
Tél. : 01 53 10 12 00
www.sgdl.org

Dépôt à la SACD (Société des auteurs et compositeurs dramatiques)

Comme la SGDL et La Poste, c'est un moyen de prouver l'antériorité de votre œuvre si nécessaire. La SACD conservera votre dépôt de manuscrit durant cinq ans, et vous vous acquitterez de la somme de quarante-six euros TTC. Le service des dépôts est ouvert du lundi au jeudi de 9 heures à 17 heures, et le vendredi de 9 heures à 16 heures. L'enregistrement de votre œuvre peut se faire par courrier, il vous faut demander une enveloppe spéciale de dépôt en mentionnant vos coordonnées, à *depot@sacd.fr*.

Pour tout renseignement :

Pôle Auteurs Utilisateurs
9, rue Ballu
75009 Paris
Tél. : 01 40 23 44 55
www.sacd.fr

16

À qui adresser son roman ?

Que faire une fois son tapuscrit finalisé ?

Le travail de l'auteur passe par une démarche active de recherche ciblée. L'auteur n'a rien à gagner à envoyer à tout va son roman en espérant que quelqu'un, dans cette longue liste, sera intéressé par son histoire. Cela risque de lui coûter cher en photocopies et en envois postaux. Un éditeur reçoit beaucoup de manuscrits, il ne prendra pas le temps de vous renvoyer le vôtre s'il édite des romans policiers et que votre roman sentimental arrive sur la pile des (trop) nombreux manuscrits du jour... C'est l'erreur du débutant, l'auteur qui espère que son roman atterrira sur le bureau de l'éditeur qu'il a choisi en fonction de critères qui n'ont rien à voir avec le genre qu'il promeut. Un grand éditeur, c'est bien, mais un éditeur intéressé, c'est mieux.

La première chose à faire est une liste de quatre ou cinq maisons d'édition les plus proches de ce que vous avez écrit. Il est important de cibler vos envois. Une liste vous est proposée en fin de guide, mais soyez attentif, de nouveaux éditeurs vont voir le jour, le genre sentimental est en expansion. Et si votre roman s'apparente à un genre (comédie, *chick lit*...) qui a ses chances chez un éditeur généraliste, votre liste risque de s'agrandir considérablement. Rendez-vous donc dans les grandes surfaces, dans des librairies, surfez sur Internet, visitez des forums. Notez les noms des éditeurs, renseignez-vous sur leurs attentes, le format demandé, le nom de la personne à contacter.

Certains éditeurs acceptent les envois par e-mail, ce qui réduit considérablement les coûts.

N'hésitez pas à en parler directement avec votre libraire pour d'autres conseils, certaines maisons d'édition peu connues méritent le détour… et l'envoi de votre roman. Vous pouvez aussi publier un *post* sur un forum, en demandant aux internautes de vous communiquer le nom d'une maison d'édition susceptible d'être intéressée par votre histoire sentimentale. Ne boudez pas les éditeurs francophones, de Belgique ou de Suisse, élargissez votre domaine d'action !

Visitez les sites Internet des éditeurs que vous avez notés sur votre liste, vérifiez à nouveau si votre roman peut s'intégrer dans une de leurs collections. Les éditeurs ont souvent plusieurs cordes à leur arc et proposent différentes collections.

Il y a donc de nombreuses façons d'obtenir de l'aide pour établir la liste d'envois de votre tapuscrit. Une dernière petite chose : affranchissez votre enveloppe en envoi simple. Pas de recommandé avec accusé de réception, cela risquerait d'agacer l'éditeur ou le préposé au courrier. Et ce n'est jamais bon d'énerver ceux qui vont vous lire…

En France, l'auteur doit envoyer le manuscrit dans son intégralité, résistez à la tentation de n'envoyer que le premier chapitre pour savoir ce qu'en pense un éditeur. Pour se faire une idée de ce que « vaut » votre roman, il lui en faudra plus qu'une dizaine de pages. Cette méthode est surtout utilisée outre-Atlantique. Les réponses sont parfois longues à arriver et attendre le premier refus pour expédier votre roman à un autre éditeur risque de vous faire perdre beaucoup de temps.

Après les premiers retours, écoutez les conseils de ceux qui vous auront lu, améliorez encore votre texte, mais peut-être que dans cette première liste figure déjà votre éditeur !

Un conseil : si vous aimez circuler dans les salons, n'apportez pas votre tapuscrit à ce moment-là, les éditeurs sont débordés et votre roman risque d'être perdu à tout jamais. Ce qui ne vous empêche pas d'en savoir plus lorsque vous visitez un salon, vous pouvez notamment obtenir des renseignements intéressants, comme les noms des

130

directeurs de collection ou une connaissance plus approfondie de la production littéraire qui vous intéresse.

Une précision d'importance

N'envoyez jamais l'original de votre manuscrit à un éditeur, mais uniquement des copies.

Faites attention aux éditeurs à compte d'auteur, qui vous feront débourser une somme d'argent conséquente contre la parution de votre roman, sans assurer de suivi ni de service de promotion. Vos livres risquent de s'entasser inutilement dans votre cave ou votre salon. Donc, optez pour des sites d'édition en ligne, avec des tirages à la demande, et vous conservez ainsi les droits sur votre roman (*www.lulu.com* ou *www.thebookeditions.com*, par exemple). Vous n'avez rien à verser, à part si vous faites également appel à eux pour une couverture particulière ou une correction de votre tapuscrit. Ces deux sites ne sont pas les seuls, recherchez sur Internet, de nouveaux se créent chaque mois, et comparez les avantages proposés. La plupart ont des librairies en ligne, il vous suffira de faire un lien sur votre blog ou votre site pour signaler la vente sur leur site. Comparez toujours les avantages des sites entre eux et faites appel à celui qui vous correspond le plus.

Attention aux éditeurs à compte d'auteur

Ils vous font miroiter gains et succès. Ils flattent votre ego en insistant sur votre talent inné. La preuve ? Ils ne corrigeront pas une ligne de votre roman avant une parution qu'ils prédisent comme le best-seller de l'année. Bien sûr, avant toute cette manne financière qui va pleuvoir sur vous et les interviews à la télévision, il faudra leur faire un chèque. Attention. Ces « éditeurs » n'en veulent qu'à votre argent. Auteur, vous ne devez rien payer ! Si un « éditeur » accepte de vous publier moyennant finance, fuyez ! Ne signez pas un contrat sans lire les plus petites lignes… D'autre part, un éditeur à compte d'auteur ne s'occupe pas plus de la promotion de votre ouvrage, à moins qu'il ne s'agisse d'un « service » payant. Mais les journalistes, les blogueurs expérimentés, connaissent les noms de tous ces « faux » éditeurs et ne prendront pas le temps de vous lire et votre ouvrage terminera dans la poubelle…

Si vous ne trouvez pas un éditeur à compte d'éditeur (c'est-à-dire qui prend les risques financiers de vous publier), tournez-vous vers l'auto-édition ou l'édition en ligne. Au moins, vous gérerez tout de A à Z. Et cette façon de procéder est bien plus respectée par les professionnels de l'édition.

Comment rédiger une lettre d'accompagnement ?

La lettre qui accompagne votre roman doit présenter brièvement l'auteur et son roman, et comporte également votre nom et vos coordonnées. Restez sobre, n'expliquez pas toutes les raisons qui vous ont donné envie d'écrire depuis que vous avez dix ans. Ne suppliez pas l'éditeur de vous éditer, ne le menacez pas non plus (cela s'est déjà vu !), ne vous épanchez pas sur toutes les difficultés rencontrées par un jeune (ou moins jeune) auteur pour se faire éditer sans piston. Rappelez-vous que cette lettre vous représente, et qu'il suffit de peu de chose pour provoquer un sentiment négatif sur son auteur. En revanche, si le cas se présente, vous pouvez faire remarquer que votre roman s'intègre parfaitement dans une de leurs collections (sans en faire trop sur les louanges…).

Cette lettre tient sur une page A4, écrite lisiblement ou dactylographiée. Ce n'est pas un synopsis de votre roman, ne racontez pas ce que l'éditeur va lire sur le résumé que vous lui adresserez en même temps.

Si vous connaissez le nom d'un des éditeurs, adressez-lui la lettre (avec le manuscrit) directement. Parfois, la secrétaire que vous aurez au téléphone vous donnera son nom, d'autres fois, elle vous demandera d'adresser directement votre manuscrit au service éditorial ou au service des manuscrits.

Voici un exemple de lettre d'accompagnement, et n'hésitez pas à faire mieux…

132

Nom, prénom
Pseudonyme éventuel
Adresse
Téléphone
E-mail

Date

Madame, Monsieur,

J'ai le plaisir de vous présenter mon roman, *La Fontaine des amours*, qui raconte la passion tourmentée d'amoureux sous le ciel italien. Ce roman sentimental se déroule à Rome, entre une photographe et un peintre que tout oppose et qu'un tableau de la Renaissance réunira sous les ors d'un musée.

Je souhaite que mon roman vous plaise et je suis à votre disposition pour en parler de vive voix.

Dans l'attente de vous lire, recevez, Madame, Monsieur, l'assurance de mes meilleurs sentiments.

Signature

Et votre CV ?

Vous n'adresserez pas le même CV à un éditeur qu'à un éventuel employeur pour obtenir un poste de comptable ou d'assistant vétérinaire. Votre CV d'auteur, qui tiendra également sur une seule page, donnera à l'éditeur une idée de votre univers. Vous y indiquerez vos éventuelles publications, les concours d'écriture que vous avez gagnés, vos passions, vos voyages. Si vous avez un blog, n'hésitez pas à l'indiquer, et à en dire plus : de quoi parle-t-il ? quels sont les lecteurs qui s'arrêtent sur votre blog ? combien de visiteurs avez-vous par jour ? par mois ?

Ce CV complète votre lettre d'accompagnement et accompagne votre roman et son résumé. Votre univers est dévoilé, l'éditeur vous connaît ainsi un peu mieux, et peut se faire une idée plus précise de la personne qui lui a envoyé son tapuscrit.

Pourquoi un blog ?

Si je place cet encadré à cet endroit précis, c'est pour rappeler l'importance d'indiquer sur votre CV l'adresse de votre blog s'il est mis à jour régulièrement bien sûr, et surtout s'il a un lien direct avec le roman que vous proposez à l'éditeur. En effet, les éditeurs sont très attentifs au petit « plus » que l'auteur débutant peut proposer. Et cela fera la différence au moment où l'éditeur prendra une décision : celle de vous publier ou non. Si votre blog est spécialisé dans le roman sentimental, avec des critiques, les nouvelles sorties, les meilleures ventes, ou fourmille de conseils d'écriture ou pour se faire éditer, il peut être un véritable tremplin pour parler de votre production. Si votre blog parle d'autres sujets qui vous ont servi à bâtir votre roman (voyages, période historique, mode…) et que vous êtes un tant soit peu connu dans le milieu des bloggeurs, que vous proposiez du contenu attractif et intéressant, avec des visites à la hauteur de la qualité du blog, vous avez un argument imparable. Profitez-en !

Un synopsis ou un résumé ?

Pour ce genre d'ouvrage, vous proposerez un résumé d'une page, qui suffira à cerner votre histoire (voir p. 34), votre univers romantique. Un synopsis développé sur plusieurs pages concerne davantage l'édition de guides pratiques, de guides de voyage ou de romans historiques.

Le résumé de votre histoire doit convaincre le lecteur, qu'il soit éditeur ou préposé aux manuscrits. Il doit donner envie de lire la suite, et de s'attaquer aux premières pages de votre roman (pour commencer…). Racontez donc l'histoire simplement, présentez les personnages, la situation, le décor. Et la fin de l'histoire, le *happy end*. Puis argumentez sur l'avenir de ce roman s'il devient livre…

Pour le résumé de présentation de votre roman, suivez le plan

- Titre de votre roman.
- L'histoire (résumée en quelques lignes) précédée si vous le souhaitez de votre *pitch*.
- À qui s'adresse votre roman ? (la cible).
- Format (nombre de signes).
- Promotion (facultatif).

Je vous propose cet exemple de mon cru, à vous de faire à votre idée et de vous laisser guider par votre imagination…

Prédiction amoureuse

« Vous ne pouvez pas la manquer. Sa caravane se trouve en face de la banque, à deux pas de la station de métro. Sur la porte de sa caravane, une pancarte : "Irma, voyante de naissance". Elle sort peu de sa roulotte, elle attend ses clients. Elle n'en manque pas. Elle doit donc être efficace.

C'est ce que se dit Victoire, qui a décidé de la rencontrer. Après une rupture sentimentale douloureuse, il est grand temps que sa vie prenne un nouveau tournant.

Elle ne s'imagine pas à quel point.

"Votre avenir sentimental sera radieux, Victoire, ne vous inquiétez pas. Il est proche et inattendu. Vous rencontrerez l'homme de votre vie très bientôt, il se cache mais vous le découvrirez comme l'astre se dévoile au lever du jour. Vous allez souffrir mais ce sera pour votre bien. Vous vous battrez pour lui. Et vous vivrez ensemble un amour fort et durable."

Bien sûr, les prédictions d'Irma ne sont pas prises au sérieux par Victoire, qui regrette de s'être laissé prendre à ces sornettes. Elle préfère mettre de côté sa vie sentimentale et s'investir totalement dans son travail de journaliste d'art. Mais une correspondance esquissée sur un site Internet avec un inconnu, une rencontre avec un jeune dentiste charmant vont faire basculer ses certitudes. Martin parviendra à apprivoiser la belle journaliste. Le bonheur pourrait être parfait si Diane, l'ex-compagne de Martin, n'avait pas décidé de le reconquérir. Victoire se battra pour son amour, et réalisera la prédiction amoureuse de la voyante. »

Mon roman s'adresse à des lecteurs et lectrices de romans sentimentaux. J'aime à rappeler qu'une femme sur deux déclare avoir déjà lu un roman Harlequin dans sa vie (source : www.harlequin.fr).

Mon roman sentimental contient 220 000 signes, espaces compris.

[Pour connaître le nombre de signes de votre texte, sur Word, cliquez sur « statistiques » dans les onglets ou au bas de votre écran. Un roman sentimental classique se situe entre 170 000 et 300 000 signes, soit un livre de 200 à 350 pages environ. Cela permet à l'éditeur de visualiser immédiatement le format du livre.]

Promotion : Je suis l'auteur d'un blog [indiquer l'adresse de votre blog] sur les techniques d'écriture, notamment de genre sentimental. Une moyenne de cent visiteurs uniques par jour suit mes articles. Je serai ravie de mettre en vitrine mon futur roman…

Faire son autopromotion…

Édition à compte d'éditeur ou auto-édition, faites votre autopromotion ! Il est important de parler de votre ouvrage autour de vous, car même si vous avez un éditeur qui s'occupe de la promotion, il vous faudra mettre la main à la pâte ! N'attendez pas que l'on vienne vers vous, tournez-vous vers les autres, osez demander de relayer l'information : vous avez écrit votre premier roman sentimental, vous devez le faire savoir !

Allez voir le responsable librairie de votre magasin, votre libraire, présentez votre roman sur les réseaux sociaux (par exemple Facebook). Dédicacez-le dans des salons, des foires, montrez-vous, faites un blog, c'est très simple et ne nécessite aucune formation particulière, vous n'avez qu'à suivre pas à pas les instructions données. Vous pouvez aussi vous faire connaître comme auteur sur Amazon, qui propose un service gratuit (Plate-forme Auteurs Amazon) afin de promouvoir les livres et leurs auteurs. Il suffit de créer un compte chez eux, puis de présenter votre biographie, votre ou vos livres, de mettre une photo si vous le désirez. Investissez les réseaux sociaux : Facebook où vous créez votre page en mettant en avant votre livre, Twitter et YouTube où vous pouvez présenter votre roman en réalisant une « mini-interview » filmée par vos soins.

Surfez sur Internet, de nombreux blogs de littérature existent. Lorsqu'un blog semble vous correspondre, envoyez un mail à son auteur en demandant où leur adresser un exemplaire de votre livre. Si l'histoire lui plaît, il se fera un plaisir de la commenter. Le bouche à oreille, ou le blog à blog, fonctionne bien…

… et encore et toujours son autopromotion !

Vous pouvez créer un *flyer*, un tract publicitaire où vous présenterez votre livre, avec un visuel de la couverture, un résumé attractif précédé d'un *pitch* (comme vous l'avez appris page 39). Lorsque vous aurez l'occasion de le distribuer – que ce soit au cours de salons, de foires, ou à toutes les personnes qui sont susceptibles de faire circuler l'information –, n'hésitez pas.

Demandez à vos proches, famille et amis, comme à vos collègues de travail, de vous aider, en en parlant autour d'eux.

Bonnes adresses
(et plus si affinités)

*« Un écrivain professionnel est un amateur
qui n'a jamais arrêté d'écrire »*
Richard Bach

Quelques éditeurs spécialisés

Pour commencer, voici quelques adresses d'éditeurs spécialisés dans
la littérature romantique.

Éditions Amorosa

C'est mon préféré, à condition que l'ouvrage proposé soit vraiment
romantique. Ils publient des romans et acceptent les nouvelles. Leurs
titres ne trompent pas : *Un mensonge pour être aimée, Le Roman de la
Saint-Valentin, Amour sous hypnose…*

Ils publient des auteurs amateurs comme des professionnels, et
l'envoi de votre manuscrit s'effectue via leur site (encore plus économique). Tous les renseignements à cette adresse : *www.editions-
amorosa.com*

Éditions des Presses de la Cité
12, avenue d'Italie
75627 Paris CEDEX 13
Tél. : 01 44 16 05 00

Cet éditeur (qui n'accepte que les manuscrits envoyés par la poste) édite de grands romans d'amour, ceux de Danielle Steel notamment.

Leur site : *www.pressesdelacite.com.*

Les Nouveaux Auteurs

Cette maison d'édition propose grâce à un comité de lecture citoyen (les manuscrits sont évalués par des lecteurs non professionnels) de donner une chance aux auteurs débutants. Ils acceptent les romans sentimentaux et sont ouverts à tous les genres littéraires. Si l'envie vous en dit d'être lu et noté par des lecteurs inscrits sur leur site, tentez l'aventure avec cette maison d'édition. Vous pouvez envoyer votre texte via leur site.

Pour tous renseignements : *www.lesnouveauxauteurs.com.*

Éditions Ravet-Anceau
Collection Euphoria
5, rue de Fives
BP 90019
59651 Villeneuve-d'Ascq CEDEX
Tél. : 03 20 41 40 70

Leur site : *www.ravet-anceau.fr.*

Les éditions Ravet-Anceau publient que des romans policiers mais aussi des romans sentimentaux. Une seule contrainte d'écriture : le lieu de la romance doit se dérouler impérativement dans la région Nord-Pas-de-Calais.

Éditions Harlequin

Les plus connus (et les plus lus), les éditions Harlequin ne publient que des romans traduits de l'anglais. Ils n'acceptent pas de manuscrits arrivés par la poste. Donc, vous pouvez les lire mais pas leur proposer votre roman. En espérant, qu'un jour prochain, ils s'ouvriront aux auteurs francophones.

Je n'ai listé que les principaux éditeurs de romans sentimentaux, faites le tour des rayons livres des grandes surfaces, il y a un grand choix de titres, et de nouveaux éditeurs vont apparaître dans ce marché porteur.

D'autre part, si votre roman s'apparente à une littérature grand public (comédie, *chick lit*…), des éditeurs généralistes peuvent être intéressés. Regardez les livres qui vous plaisent chez les libraires et voyez si votre roman ressemble à ceux publiés. Et dans ce cas, tentez votre chance en envoyant votre tapuscrit. Voici quelques maisons d'éditions généralistes : Jean-Claude Lattès, Belfond, Fleuve Noir, Robert Laffont, Calmann-Lévy, Flammarion, Anne Carrière.

Soyez patient

Après l'envoi de vos tapuscrits aux éditeurs inscrits sur votre liste, patientez. Vous n'avez guère le choix, certes, mais sachez que le temps de réponse est assez long, d'un à six mois. Armez-vous de patience, ne les relancez pas, cela ne sert à rien. Généralement, c'est une secrétaire qui prendra votre message et elle ne connaît pas forcément ce qui se passe au service des manuscrits… Les éditeurs, même les petits, sont submergés de manuscrits, alors soyez indulgent et ne campez pas devant votre boîte aux lettres.

Vous pourrez recevoir des lettres de refus types, sans commentaires sur votre texte, là non plus, pas la peine de prendre votre téléphone pour en savoir plus. Pour économiser le prix des photocopies, renvoyez le manuscrit retourné à l'éditeur suivant. Patientez et ne perdez pas courage.

Concours de nouvelles

Si vous voulez vous entraîner avec une nouvelle romantique ou une belle lettre d'amour avant de vous attaquer au roman, je vous conseille quelques concours.

Concours de la nouvelle
Nous deux
8, rue François-Ory
92543 Montrouge CEDEX

Leur site : *www.nousdeux.fr.*

Règlement et informations sur simple demande au 01 46 48 43 43

Concours annuel, doté d'un prix et d'une parution dans l'hebdomadaire.

Concours Lettre d'amour – Prix Isabelle Aubret
Mairie de Marquette-lez-Lille
Concours Lettre d'Amour
11, place du Général-de-Gaulle
BP 20033
59873 Marquette-lez-Lille CEDEX

Renseignements auprès du Service Culture : 03 20 14 51 00

Le site de la mairie : *www.marquettelezlille.fr.*

Vous pouvez envoyer votre lettre par courrier ou directement sur le site du concours : *www.concourslettredamour@marquettelezlille.fr.*

Sur le site « Bonnes Nouvelles », vous trouverez des concours de nouvelles, sur de nombreux thèmes, pas forcément sur le thème sentimental, mais rien ne vous empêche d'essayer un autre genre. Le site propose des concours tout au long de l'année :
www.bonnesnouvelles.net.

Participer à des concours de nouvelles... et les gagner

Participer à un concours de nouvelles peut vous apporter une aisance supplémentaire dans votre parcours d'auteur. Vous devez vous plier à des contraintes de thèmes, de longueur et de temps. Souvent, les prix sont une publication en revue ou en recueil. C'est un bon moyen de connaître d'autres auteurs, d'échanger bonnes adresses et pièges à éviter. Pour se donner le maximum de chance dans un concours, voici quelques conseils à ne pas négliger :

• lisez bien les modalités du concours et ne faites pas du hors-sujet, même et surtout si vous avez déjà une histoire écrite depuis longtemps qui traîne dans vos tiroirs et que vous aimeriez placer ;

• soignez la présentation de votre texte, et vérifiez l'orthographe. Ces deux critères sont importants, tous les jurys seront sensibles à ce premier contact avec votre nouvelle, qui part avec un bénéfice certain ;

• pour vous faire une idée de ce que demande l'organisateur, lisez les auteurs primés les années précédentes. Cela permet de se faire une idée de ce qu'aime et demande le jury ;

• soyez authentique, n'écrivez pas ce qui n'est pas dans votre nature, votre personnalité.

Concours de romans

Welovewords est la première plateforme communautaire européenne destinée aux auteurs, qu'ils soient débutants ou professionnels. Le site propose un archivage de vos textes, une publication de textes courts, nouvelles ou poèmes, avec notation par d'autres auteurs inscrits sur Welovewords. Le site propose régulièrement des concours, notamment avec Flammarion (En 2011, le thème du concours était : « Écrivez une comédie romantique ») et les éditions J'ai Lu. À surveiller régulièrement pour connaître les prochains concours. À la clé : une publication dans les maisons d'éditions citées. Connectez-vous sur leur site : *www.welovewords.com.*

Et travailler chez Harlequin ?

Régulièrement, les éditions Harlequin recherchent des traducteurs (de l'anglais au français) et des rewriters, auteurs chargés de

« réécrire » l'ensemble du texte (c'est-à-dire améliorer la fluidité, modifier des phrases mal construites, après une première traduction pas toujours « littéraire »), toujours dans le « style » Harlequin. Un essai vous sera proposé, s'il est concluant, vous démarrerez cette activité qui vous mettra le pied à l'étrier. Si vous lisez régulièrement les romans de cette maison d'édition, cet essai de réécriture d'un passage d'un roman sera plus compréhensible et plus facile pour vous. Lorsque vous connaîtrez la façon d'écrire des auteurs en vue, vous serez plus à l'aise pour vous lancer dans l'écriture de votre roman sentimental.

Tous les renseignements sur leur site : *www.harlequin.fr*, rubrique : « Recrutements » (la rubrique se situe en bas de la page d'accueil).

De la persévérance…

Une qualité essentielle que doit avoir un auteur, c'est la persévérance. Avant de voir son texte publié sous forme de livre, le chemin est parfois long et semé d'embûches. Ne vous découragez pas devant des lettres de refus, ou devant les retours de manuscrits qui ne manqueront pas de vous parvenir quelques semaines, voire quelques jours après vos envois. Ces refus peuvent démoraliser le novice. Mais sachez que tous les auteurs, quel que soit le genre littéraire qu'ils affectionnent, ont essuyé des refus. Gardez le cap, et cent fois sur le métier remettez votre ouvrage. Écrivez des nouvelles, entamez un nouveau roman, partagez votre passion de l'écriture à travers un blog… Persévérez.

« Quoi qu'il arrive, soit arrivé, ou arrivera, je crois toujours en l'amour,
qu'il corresponde aux normes habituelles ou qu'il s'en écarte,
qu'il soit ordinaire ou extraordinaire. Ne perdez jamais espoir. »

Danielle Steel

Conclusion

Je souhaite que ce guide vous ait apporté les réponses que vous vous posiez sur l'écriture d'un roman sentimental. Ce genre, pourtant si décrié, connaît un véritable engouement et ses lecteurs sont de plus en plus nombreux. Comme nous l'avons vu, ce genre se décline en différents domaines : contemporain, fantastique, historique, érotique, comédie, suspense... Le choix est vaste. Vous trouverez l'univers romanesque qui vous convient le plus.

Alors, lancez-vous dans l'écriture de votre roman sentimental, ne vous découragez pas, restez fidèle à votre idée de départ et déroulez votre histoire. Écoutez ce qui se passe autour de vous, lisez les romans des auteurs à succès, notez dès que vous le pouvez toutes les pensées qui vous interpellent, afin de les retrouver le moment venu, dans votre écriture. Écrire reste une passion, une envie forte de « faire passer » vos pensées, vos désirs. Ce guide vous a proposé des pistes, des exemples, à vous de suivre votre chemin dans l'écriture de votre roman.

Je vous adresse tous mes encouragements et vous souhaite tout le bonheur possible dans l'exercice de votre passion.

Bibliographie

AHERN Cecelia, *Merci pour les souvenirs*, trad. M. Leynaud, Flammarion, 2010.

AUSTEN Jane, *Orgueil et préjugés*, Gallimard, coll. « Folio Classique », 2007.

BEAUREGARD Alexandra, *Révélation africaine*, Éditions Amorosa, 2010.

BOURDIN Françoise, *Une nouvelle vie*, Belfond, 2008.

BUSHNELL Candace, *Sex and the City*, Albin Michel, 2000.

CARTLAND Barbara, *Un océan d'amour*, J'ai Lu, 2012.

CAUSSIGNAC Hélène, *Un troublant détective*, Éditions Amorosa, 2010.

DARCY Emma, *Un si séduisant milliardaire*, trad. M.-P. Malfait, Harlequin, 2011.

FIELDING Helen, *Le Journal de Bridget Jones*, Albin Michel, 2000.

HACHE Brigit, *Prédiction amoureuse* (cité p. 42, 43).

GREEN Abby, *Face au scandale,* Harlequin, 2012.

GRIFFIN Emily, *L'Autre Homme de ma vie*, Presses de la Cité, 2009.

KENNY Janette, *Un désir ardent*, trad. S. Patrick, Harlequin, 2012.

KIRKMAN Helen, *La Princesse celte*, trad. Saint-Folquin, Harlequin, 2007 et 2012.

LAURENT Marie, *Amoureuse Béatrice*, Éditions Amorosa, 2012.

LÉVY Marc, *Et si c'était vrai,* Robert Laffont, 2000.

LÉVY Marc, *Où es-tu ?,* Robert Laffont, 2001.

LÉVY Marc, *La Première Nuit*, Robert Laffont, 2009.

MAILLET Géraldine, *French Manucure,* Flammarion, 2008.

MUSSO Guillaume, *La Fille de papier*, XO Éditions, 2010.

MUSSO Guillaume, *7 ans après*, XO Éditions, 2012.

PANCOL Katherine, *La Valse lente des tortues*, Albin Michel, 2008.

ROBERTS Nora, *Coup de cœur*, trad. A. Marlet, Belfond, 2005.

ROBERTS Nora, *L'Inconnu aux yeux gris*, trad. M.-C. Cortial, Harlequin, 2012.

ROBERTS Nora, *Mariage à Manhattan*, trad. N. d'Arvor, Harlequin, 2012.

DE SAINT-GÉRAN Marie, *Toietmoi.com,* Éditions Amorosa, 2010.

STEEL Danielle, *Une femme libre*, trad. É. Charlès, Presses de la Cité, 2010.

STEEL Danielle, *Affaire de cœur*, trad. F. Bertrand, Presses de la Cité, 2011.

STEEL Danielle, *Colocataires*, trad. C. Berthet, Presses de la Cité, 2012.

STEEL Danielle, *Les lueurs du Sud* (cité p. 39).

STEEL Danielle, *Paris retrouvé*, trad. É. Charlès, Presses de la Cité, 2009.

STEPHENS Susan, *Un impitoyable séducteur*, trad. C. Rosson, Harlequin, 2012.

SPARKS Nicholas, *La Raison du cœur*, trad. F. Siety, Robert Laffont, 2007.

SPARKS Nicholas, *Une bouteille à la mer*, Pocket, 1999.

SPARKS Nicholas, *Les Pages de notre amour*, Robert Laffont, 1999.

WEISBERGER Lauren, *Le diable s'habille en Prada*, trad. C. Barbaste, Fleuve Noir, 2004.

WOLF Isabel, *Les Amours de Laura Quick*, trad. D. Beaulieu, Jean-Claude Lattès, 2010.

YOUNG Elizabeth, *Petites embrouilles et pieux mensonges*, Pocket, 2004.

YOUNG Elizabeth, *Que la meilleure gagne*, Pocket, 2008.

Index

P

péripéties 5, 28, 51, 88, 91, 92, 98, 100, 106, 109, 110, 122

personnage féminin 105

personnage masculin 78, 89, 94, 96, 122

personnage principal 24, 28, 29, 30, 35, 40, 41, 49, 50, 63, 65, 72, 74, 80, 81, 88, 89, 90, 91, 92, 93, 96, 99, 100, 105, 106, 107, 108, 109, 122

personnage secondaire 72, 81

personnages 2, 5, 6, 15, 17, 18, 19, 27, 28, 32, 33, 34, 38, 39, 41, 43, 44, 46, 47, 51, 53, 58, 63, 64, 65, 66, 68, 69, 70, 71, 72, 74, 75, 76, 77, 79, 80, 81, 83, 84, 85, 87, 89, 90, 92, 96, 101, 106, 108, 109, 110, 114, 115, 120, 122, 134

peur de l'engagement 100

phrase d'accroche 39, 58, 121

pitch 39, 40, 135, 137

plagiat 19, 127

plan 63, 64, 65, 83, 89, 110, 135

point culminant 88, 91, 94, 95, 96, 97, 98, 99, 110

point de tension 91

point de vue 24, 30, 37, 40, 41, 42, 43, 54, 56, 64, 80, 121

préjugés 98, 99

premier chapitre 12, 21, 27, 63, 64, 90, 101, 120, 123, 130

première rencontre 94, 106

promotion 25, 131, 136

publication 133

Q

quiproquos 88, 91, 93, 96, 97

R

résumé 34, 35, 36, 37, 38, 39, 40, 103, 132, 134, 135, 137

rival 50, 90, 94, 105

roman sentimental 1, 2, 5, 6, 8, 10, 18, 23, 24, 25, 26, 28, 30, 31, 35, 43, 46, 65, 71, 72, 87, 92, 96, 104, 105, 106, 109, 115, 129, 133, 134, 136, 144, 145

romance fantasy 29

romance historique 29, 44, 107

romance médicale 28

romans de terroir 29

S

scène d'amour 88, 109

secret 16, 29, 91, 93, 94, 107, 122

sensualité 88, 109

signes 54, 56, 65, 73, 74, 125, 135, 136

situation finale 92

suspense 28, 33, 66, 88, 89, 96, 108, 145

T

tapuscrit 125, 126, 129, 130, 131, 134, 141

thèmes 1, 2, 18, 28, 30, 33, 37, 53, 142, 143

titre 17, 54, 58, 66, 103, 104, 126

ton humoristique 35

Composé par **STYLE INFORMATIQUE**

Dépôt légal : avril 2022
Imprimé en Allemagne par BoD

www.ingramcontent.com/pod-product-compliance
Ingram Content Group UK Ltd.
Pitfield, Milton Keynes, MK11 3LW, UK
UKHW022035070726
13613UKWH00002B/532